# 経営組織と利他的行動

―日中労働者の行動パターン比較―

奥井秀樹［著］

創成社

# はしがき

　人は組織において日々仕事を行う中で，しばしば，自らにとって利益が有るか無いかという視点では説明することができない，ある意味で利他的ともいえる行動をとっている。そして，成員のそうした行動は組織の生産性に深く関わっている。

　本書は，経営組織論的な視点からそのような組織の成員の利他的行動について研究したものである。

　各個人が自分の利益を主張して利己的に振る舞うだけでは組織は上手く機能しない。時として，組織の成員には利他的な行動をとることが求められる。そのため，利他，または利他的行動という視点から経営組織を考えることは，経営学の立場からも意義をもつものであり，深く論じられる必要のあるテーマであるといえる。

　しかし，非常に多種多様な立場から研究が行われ多量の研究蓄積がなされてきた利己的行動とは異なり，経営学の立場から利他的行動を扱った研究は未だ数少ないのが現状である。

　本書においては「人はなぜ利他的行動を行うのか」という問いについて，経営学のみならず，哲学・倫理学や経済学など他分野における議論も参照しつつ考察を行い，できる限り統合的な視点からその問いに対する答えを提示すること，そして，利他的行動の視点から経営組織を分析する枠組みを構築することを試みている。

　そのような試みを通じて経営学領域における関連研究にわずかでも新たな視点を提供することができれば幸甚である。

　なお，本書の基本的な構成・内容は筆者が神戸大学大学院経営学研究科博士後期課程在学時に執筆した博士論文「日本の企業組織における利他性の研究

～雇用制度と文化の影響について～」[1]をベースとするものである。そこに今回新たに書き下ろした原稿と，筆者がこれまでに公表してきた論文を加えて全体的に大幅な加筆修正と編集を行っている。

　これまでに公表してきた論文と本書の内容との具体的な対応関係は以下の通りである。

・第2章　既存研究のレビュー
　奥井秀樹「組織市民行動（OCB）研究についての一考察　―その現状と問題点―」『久留米大学　商学研究』17巻3・4合併号，pp.41-59，2012年。
・第3章　3．研究対象となる利他的行動
　奥井秀樹「利他的行動研究　―そのメカニズムと組織論的展開―」『日本経営システム学会誌』，Vol.20, No.2, pp.63-71, 2004年。
・第4章　実証研究への架橋
　奥井秀樹「利他的行動理論の実証研究への適用　―その方法論的課題と解決―」『大阪国際大学国際研究論叢』，Vol.23, No.1, pp.49-61, 2009年b。
・第5章　利他的行動パターンの日中比較
　奥井秀樹「企業組織における利他的行動　―日中の国際比較調査を通じて―」『日本経営システム学会誌』，Vol.24, No.1, pp.9-18, 2007年。
・第6章　さらなる比較分析
　奥井秀樹「日中国民の組織における利他性と行動パターン　―2004年比較調査結果の再考―」『日本経営システム学会誌』，Vol.27, No.3, pp.63-70, 2011年。
・第7章　試作版利他的行動尺度による調査結果の再考
　奥井秀樹「日本企業の本質と利他的行動　―利他的行動尺度の試作を通じて―」『日本経営システム学会誌』，Vol.26, No.1, pp.27-32, 2009年a。

---

1）授与学位：博士（経営学），授与大学：神戸大学，博い第一二四号

## 謝　　辞

（1）本書の執筆にあたり，ベースとなった筆者の博士論文のテーマ決定段階から具体的な調査への着手と博士論文執筆，そして博士後期課程修了後から現在に至るまで，大変長きにわたりご指導くださいました恩師である加護野忠男先生に心より御礼を申し上げます。

（2）博士論文執筆過程におきまして有意義なご指摘をくださった坂下昭宣先生，金井壽宏先生，上林憲雄先生に心より御礼を申し上げます。

（3）本研究に日本版組織市民行動尺度を使用することをご許可くださり，貴重な参考資料をご提供くださいました日本大学大学院総合社会情報研究科教授の田中堅一郎先生のご厚意に感謝申し上げます。

（4）日中比較アンケート調査の実施にあたり，私の調査の提案をお受けくださり，調査実施の細部にまでご協力くださいましたA社の皆様に心より感謝申し上げます。

（5）中国でのアンケート調査実施にあたり，言語面，および，調査の実施準備の面について多大なるお力添えをいただきました劉建英様，袁秋襄様にあらためて御礼申し上げます。

（6）本書の出版にあたり，久留米大学商学部教育研究振興資金より出版助成をいただきました。御礼申し上げます。

（7）本書の出版を快くお引き受けくださいました株式会社創成社様，ならびに出版部主任の廣田喜昭様に深くお礼を申し上げます。

（8）これまで筆者を温かく見守り続けてくださった父母，ならびに妻と我が子達に深く感謝します。

2012年9月

奥井秀樹

# 目　次

はしがき
謝　辞

## 第1章　利他的行動と組織経営 ——————————— 1
1. 本研究の趣旨 ……………………………………………………1
2. 社会レベルでの利他の必要性 …………………………………3
3. 現場レベルでの利他の必要性 …………………………………9
4. 本書の内容 ……………………………………………………10

## 第Ⅰ部　理　論　編

## 第2章　既存研究のレビュー ——————————— 15
1. レビューを行う研究について …………………………………15
2. 経営学領域における既存研究 …………………………………17
3. 組織市民行動とは ………………………………………………19
4. 組織市民行動の構成次元 ………………………………………21
5. 組織市民行動の規定要因 ………………………………………22
   - 5.1　職務満足（job satisfaction）　22
   - 5.2　職務満足以外の規定要因　26
   - 5.3　組織市民行動と各種規定要因の関係のまとめ　28
6. 組織市民行動研究の問題点 ……………………………………28
   - 6.1　研究関心と研究手法の固定化　28
   - 6.2　問題①：動機についての議論の偏り　29

6.3　問題②：分析対象の偏り　31
　　6.4　問題③：社会的交換概念の限界　33
　　6.5　動機に関する根本的考察の必要性　33

## 第3章　利他的行動の理論的考察 ─────── 35
　1.　本研究の研究対象 ……………………………………………………35
　2.　利他についてのよくある混乱 ………………………………………36
　　2.1　利他は混乱を招きやすい言葉　36
　　2.2　「塞翁が馬」タイプの混乱　37
　　2.3　「情けは人のためならず」タイプの混乱　41
　3.　研究対象となる利他的行動 …………………………………………45
　　3.1　分析可能な利他的行動とは　45
　　3.2　2つの基本類型　48
　　3.3　利他的行動研究における人間観の重要性　50
　　3.4　Bradley（1876）の人間観　54
　　3.5　利他的行動のさらなる細分化　57
　　3.6　状況の意味づけと動機の選択　59
　　3.7　状況の意味づけを規定する要因　61
　4.　本章のまとめと実証研究の展開 ……………………………………63

## 第Ⅱ部　実　証　編

## 第4章　実証研究への架橋 ──────────── 73
　1.　日本版組織市民行動尺度 ……………………………………………73
　2.　日本版組織市民行動尺度：下位次元の意味の検討 ………………77
　　2.1　次元1：誠実さ　77
　　2.2　次元2：対人援助　78
　　2.3　次元3：職務上の配慮　78

2.4　次元4：組織支援行動　79
　　2.5　次元5：清潔さ　79
　3.　組織市民行動の次元軸上における各類型の位置づけ……………………79
　4.　本章のまとめ………………………………………………………………………82

## 第5章　利他的行動パターンの日中比較 ── 83
　1.　実証研究の展開……………………………………………………………………83
　2.　日本人論・中国人論についてのレビュー……………………………………85
　　2.1　日本と中国は「同文同種」か　85
　　2.2　日本人論・中国人論研究の流れ　86
　　2.3　日本文化と中国文化のちがい　89
　　2.4　レビューのまとめ　94
　3.　A社における日中比較調査……………………………………………………94
　　3.1　調査対象と回収率　94
　　3.2　使用尺度　96
　4.　分　　析……………………………………………………………………………97
　　4.1　日本工場データの因子分析　97
　　4.2　中国工場の因子分析　100
　5.　日中間の因子分析結果の比較と考察…………………………………………103
　　5.1　主要な発見事実　103
　　5.2　因子分析結果の考察　103
　6.　日中間の得点の比較と考察……………………………………………………105
　　6.1　得点の比較分析　105
　　6.2　得点の比較分析結果の考察　107
　7.　結論とインプリケーション……………………………………………………112

## 第6章　さらなる比較分析 ── 116
　1.　これまでの発見事実の要約……………………………………………………116

2. 得点の比較分析の掘り下げ……………………………………………117
  3. 比較結果のさらなる分析と考察………………………………………119
  4. 結果の解釈………………………………………………………………122
  5. 結論とインプリケーション……………………………………………124

## 第7章　試作版利他的行動尺度による調査結果の再考 ── 125
  1. 試作版利他的行動尺度による調査結果の再分析……………………125
  2. 本章の具体的内容………………………………………………………128
  3. 利他的行動尺度の試作…………………………………………………129
     3.1　項目の選定　129
     3.2　尺度の妥当性と信頼性の分析　130
  4. 試作版利他的行動尺度による再分析…………………………………132
     4.1　平均得点の比較　132
     4.2　得点の比較分析結果の考察　133
     4.3　比較結果のさらなる分析と考察　136
  5. 結論とインプリケーション……………………………………………142

参考文献　147
付　　録　153
事項索引　169
人名索引　177

# 第1章
# 利他的行動と組織経営

## 1．本研究の趣旨

　人間同士が巧みに連携して組織として質の高い活動を営んでいくための最も根源的な原動力となるものは何か。本研究の研究関心の根幹をなしているのは，このような組織経営に関する素朴な疑問である。

　歴史的に見て，そのような問いかけに対する答えは，Smith (1776) の「我々が食事を期待するのは，肉屋や酒屋やパン屋の慈悲心からではなく，彼ら自身の利害に対する配慮からである。」[1]という有名な一文にもあるように，人間がもっている欲求とそれを充足させようとする利己心にあるという考え方が代表的な地位を占めてきたということができる。

　その証拠として，今日に至るまで，Smith (1776) が主張したような，それぞれの主体が利己心をもって行動することこそが社会全体にとって大きな利益を生み出すことにつながるという考え方は，新古典派経済学等をはじめとした経済学の学問領域のみにとどまらず，広く世間に受け入れられ支持されてきた。

　我が国においても，近年の構造改革論議等の場において，競争原理の導入，規制緩和，そして小さな政府といった言葉がよく用いられるようになってきているが，これもそうした考え方が広く浸透してきている証拠の1つである。

　もっと儲けたい，今よりもっと豊かな暮らしがしたいといった思いを抱くの

---

1）訳についてはSmith著・水田洋監訳，2000年，p.39の訳を採用した。

は人間なら至極当然のことである。そして，そうした欲求を満たすために頑張って仕事をしようと思うのもまた当然のことである。

　他の誰のためでもなく自分自身の利益のために働くからこそ，たとえ仕事の内容が苦しさや困難さを伴うものであったとしてもへこたれずに努力する姿勢が生まれる。仕事の結果いかんによって，自らの暮らしが豊かにもなり貧しくもなるからこそ，良い結果を出すために質の高い仕事をしようという姿勢が自然と生まれるのである。

　社会の側から見れば，そうした個々の利己心に根差した精力的で質の高い活動によってさまざまな価値ある財・サービスを生産・供給できる体制が整備されることになる。そして，市場が財・サービスを送り出す供給側とそれを消費する需要側の間を取りもつ。供給が需要を上回る場合はその価格が下がり，需要が供給を上回る場合は価格が上がるという市場の価格変動メカニズムの働きによってそうした財・サービスの需要と供給のバランスが調節される。その結果，資源の適切な配分がなされ社会全体が豊かになるのである。

　組織経営のレベルにおいても，そうした考え方を前提とした理論が数多く見受けられる。たとえば，組織が成員と利害が一致する範囲において交換関係を結び，成員の貢献に応じて誘因を分配するという組織均衡論的発想などは，こうした人間の利己心を前提とすれば当然生まれてくるであろう合理的な考え方といえる。

　「自分が利益を得たいから頑張って働く」という行動原理は，非常にわかりやすくシンプルなものである。そして，シンプルであるからこそ，一見すると疑問を差し挟む余地がないほど強い説得力をもつもののように見える。

　しかし，それは錯覚である。他方で，社会，あるいはそれを構成する1要素である組織がうまく機能するためには，そうした利己心とそれにもとづく行動原理とはまったく異なるものが必要であるとの主張も確かに存在している。

　それでは一体それはいかなるものであろうか。そうしたまったく異なるものの存在と必要性については，20世紀初頭のドイツにおいて，経済学者・社会学者として当時のドイツのアカデミズムを牽引する存在であったヴェルナー・

ゾンバルト（Werner Sombart：1863-1941）とマックス・ウェーバー（Max Weber：1864-1920）によって行われた近代資本主義[2]の成立過程に関する論争の中に明確な示唆を見出すことができる。

次節である「2．社会レベルでの利他の必要性」においては，ゾンバルトとウェーバーの議論を概観することを通じて，そのまったく異なるものとはなにか，そして，なぜそれが必要なのかを示す。

## 2．社会レベルでの利他の必要性

はじめにゾンバルトの主張について概観してみよう。ゾンバルトは，ヨーロッパにおいて近代資本主義がいかにして成立したかという問いに対して，近代資本主義を成立させた原動力は当時の貴族階級をはじめとした裕福な人々の恋愛とそれに伴う贅沢にあるとの主張を展開した。その内容を簡単に説明すれば，中世末期のヨーロッパにおいて貴族階級をはじめとした裕福な人々の間で都会的で洗練されたスタイルで恋愛を楽しむことが流行したことで，男性が愛人に華麗なレースが施された衣類や絹織物，鏡といった高価な贈り物をするなどの奢侈的な習慣が生まれ，そして，そうした奢侈製品の需要に応えるために工業が発達していき，その結果として近代資本主義が成立していったというものである。(Sombart, 1922)

こうしたゾンバルトの主張は，いわば，近代資本主義成立の原動力を人間のもっている欲求とそれを充足させたいという利己心に求めるものである。都会的で洗練された恋愛に憧れて，男性は女性の気を引くために競い合って大金を注ぎ込む。そして，女性は資金力のある男性に見初められるように自分を磨くことに精を出し，自分のために男性が大金を使うことや贅沢な品々に囲まれる

---

2）近代資本主義：Weber（1920）の訳本の訳者である大塚久雄の解説によれば，近代資本主義は，古くから各所に存在していたような資本主義と簿記を土台とする合理的な産業経営とそれを基礎に築かれていく利潤追求の営みという明確な特徴をもっていると述べられている。(Weber 著，大塚久雄訳，1989，pp.389-390)

図1-1　ゾンバルトの主張の要約

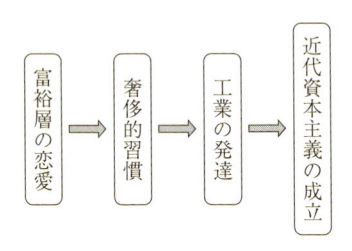

富裕層の恋愛 ⇒ 奢侈的習慣 ⇒ 工業の発達 ⇒ 近代資本主義の成立

ことに喜びを感じる。贅沢品の生産者は質素な日用品を生産しているよりもはるかに大きな儲けを手にするべく，そうした贅沢品を求める顧客の要望に応えられる製品を作り出すことに努める。このように，それぞれの欲求とそれを充足させようという利己心が経済を動かす原動力となっている。

　ゾンバルトのこのような主張は，一見すると，男女の恋愛というひどく身近で通俗的なものに近代資本主義成立の原動力を求めるという点において奇抜なものに見える。しかし，本質的な部分を見ると，その主張は，それぞれの主体が利己心をもって行動することこそが社会全体にとっての利益につながるというSmith (1776) の考え方と相通ずるものであり，その点においては王道を行くものということができる。

　一方で，ウェーバーは，ゾンバルトとは対称的に，近代資本主義成立の原動力を，プロテスタンティズムの倫理とそれにもとづいて職務に禁欲的に専念する行動様式に求めた。

　ウェーバーの主張を簡単にまとめると，それは次のようなものである。第1に，16世紀の宗教改革の際に，その中心人物であったマルティン・ルッター (Martin Luther：1483-1546) によって世俗内で職業上の義務を遂行することが神の意にかなうことであるとする「天職 (Beruf)」という思想が生み出された。

　第2に，それを基礎として，禁欲的プロテスタント諸派の手により，欲望を抑えてストイックに目標達成に励む行動的禁欲[3]というキリスト教の伝統的思想を基礎とした世俗内的禁欲[4]という思想が発展させられていった。この思想

の下では，労働は単に生活の糧を得るための手段ではなく神から課せられた各人の義務であるとみなされた。そこでは他のさまざまな欲求を抑えつつ，経営者の立場にあるものはひたすら営利を追求することが，そして，それに仕える労働者の立場にあるものは規則に従って自らの職務に励むことが是とされた。

第3に，そのような思想にもとづいたプロテスタント達の活動は，非常に熱心で合理的であり強い競争力をもつものであった。そのため，それまでに存在していた「自分が必要な分だけ働いて，後は酒を飲んだり歌を歌ったりして過ごす」という考え方の必要充足的・牧歌的な経済活動を急速に駆逐していった。

第4に，プロテスタント達のそのような活動が広まるにつれて，社会の仕組みそのものも営利を追求するという彼らの思想と行動様式に適合する形へと整備されていった。また，豊かになるにつれて人々の宗教に対する関心は徐々に薄れていったが，営利追求を義務とする考え方そのものは，資本主義の精神[5]という形で，一種のエートス（Ethos）として社会に根をはっていった。

最後に，こうしたプロセスを経て，プロテスタントという宗教的基盤から離れて，強い競争力をもつ近代資本主義は広く世界に普及していった。

これがウェーバーの主張の概要である。図1-2は以上の過程を要約したものである。

このように，ゾンバルトとウェーバーは，ともに経済学者・社会学者として

---

3）行動的禁欲（aktive Askese）：他のあらゆる事柄への欲望を抑えて，すべてのエネルギーを注ぎ込み目標達成に向けて邁進するという行動様式のことである。キリスト教により生み出された。（Weber 著，大塚久雄訳，1989，pp.400-401）
4）世俗内的禁欲：マルティン・ルッターに由来する「世俗から離れて修道院で生活することが特別に神の意にかなうものではなく，世俗の中で聖潔な職業生活を営むことこそが神の意にかなうものである」という思想が禁欲的プロテスタンティズム諸派によって確立されたもの。（Weber 著，大塚久雄訳，1989，pp.401-402）
5）資本主義の精神：自分の資本を増加させることを自己目的と考えることを各人の義務とする思想を指す。（Weber 著，大塚久雄訳，1989，pp.43-45）倫理的な価値観を背景として，自己の幸福や利益という観点から離れて，営利の追求そのものを人生の目的として捉えている点に特徴がある。世俗内的禁欲を倫理的基礎として，それにもとづく一連の思考様式がエートスとして浸透していったものと考えられる。

20世紀初頭のドイツのアカデミズムを牽引する存在であったが，近代資本主義成立の原動力を何に求めるかという点においては，まったく対称的な主張を展開している。

　それでは，なぜこのような対称的な主張が生まれてきたのであろうか。それは，近代資本主義が，その本質において，利己という考え方とそれにもとづく行動様式だけでは説明できないある性質を内包しているからである。

　ゾンバルトとウェーバーの議論で用いられている意味での近代資本主義では，自らのもつ資本を増加させること，すなわち営利の追求そのものをそれぞれの主体が活動する目的として位置づけている。

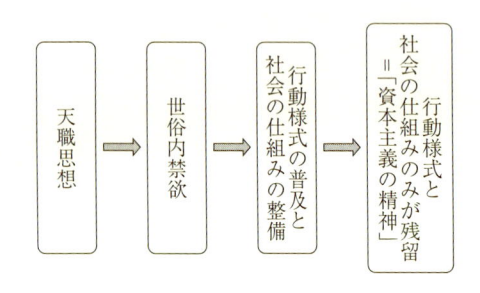

**図1−2　ウェーバーの主張の要約**

天職思想 → 世俗内禁欲 → 行動様式の普及と社会の仕組みの整備 → 社会の仕組みのみが残留＝「資本主義の精神」行動様式と

　今日でも，我々は，さしたる疑問を抱くこともなく「私企業＝営利の追求を目的とするもの」と考え，より多くの利益を獲得しようと努力しつづける私企業によって資本主義社会が支えられていると考えている。

　しかし，一度先入観を捨て去って見直してみれば，この営利の追求という思想はとても不思議な考え方である。このようにいえば，誰もがお金を儲けたい，利益を得たいと考えるのは当然のことであり何も不思議なことはないだろうと思う人も多いかもしれない。だが，そこにこそ盲点がある。

　そもそも，人はなぜ利益を得たいと思うのだろうか。それは，儲けた利益を使って豊かな暮らしを営むためというのが自然な考え方ではないだろうか。つまり，自分が幸福を追求するための手段として利益が存在しているという考え

方である。しかし，前述した通り近代資本主義においては利益は手段とはみなされていない。営利の追求とは純粋に人生の目的と位置づけられるものであり，それ自体に価値があることとみなされているのである。決して，人々が物質的生活の要求を満たして豊かに暮らすための手段とは考えられていないのである。(Weber 著，大塚久雄訳，1989，p.48)

　このことは，言い換えれば，営利の追求という目標は，それぞれの主体にとっての幸福の追求という意味においての利己とは必ずしも一致しないものだということを意味している。

　原則的に考えれば，資本主義的発想の下では，ある程度の利益が得られて十分に豊かな生活が送れるようになったので，後はほどほどに仕事をして人生を楽しもうという考え方は許容されない。どれだけ利益が得られたとしても目標はあくまでも営利の追求に置かれ，どこまでも目標達成に励み続けることが求められる。

　現実はそこまで極端ではないかもしれないが，資本主義は本来そうした発想にもとづくものであり，そこでは必要を満たしたから休むという姿勢は推奨されず，ひたすら営利を追求するという姿勢が要求されるという側面があることは確かである。また，周囲にそのような行動様式をとる者が多く存在している状況下においては，周りとの競争に負けないために自分もそのような姿勢を取らざるを得ないという面もある。

　つまり，どこまでも営利を追求するということは一見すると疑問を差し挟む余地のないほどに当然の思想と思うかもしれないが，そこには言葉のトリックが存在しているのである。この場合の利益とは貨幣的な利益を指しているのである。営利を追求することはどこまでも貨幣的な利益を追求するということであって，決して，それぞれの人が自分の幸福を追求するという意味と同義ではない。

　あなたは，寸暇を惜しんで懸命に働いた結果，生活するのに十分な収入を安定的に得ることができる地位を確立できたとしたら，その後はどうしたいと思うだろうか。豊かになった後も，いささかも手を緩めることなくそれまでと同

じように仕事に打ち込み続けたいと思うだろうか。ある程度の収入が得られるようになれば，今度は，精神的・肉体的に辛いことは避けたい，もう少し休みが欲しい，美味しいものを食べたい，買い物をしたり旅行に行ったりしたいなどと思うようになるのが人情というものであろう。営利の追求とは，自分が必要とするだけの利益が得られても，なお，全力を尽くしてさらに利益を上げようとし続けるという思想だというと，その不自然さが実感してもらえるのではないだろうか。

　しかし，営利の追求がそのように不自然な考え方であったとしても十分に発達した資本主義の体制下においては，すでに，そうした営利の追求という思想に適合するように各種の社会的な仕組みが整えられている。そのため，そこに属する組織や人々は必然的にそうした思想に沿った行動様式をとることを要求されることになる。それが気に入らないからといって自分だけが異なる行動様式をとろうとすればさまざまな不利益を被ることになるであろう。

　そして，そのように不自然な思想である営利の追求という目標を追い続けていくためには，経営者や組織の成員は，時として，自らにとっての幸福の追求という観点では説明できない行動をとることを求められる。すなわち，社会レベルで，自らを犠牲にしてでも義務を遂行するという意味においてある種の利他性にもとづく行動，つまり利他的行動[6]をとることが必要とされる場合が存

---

[6] 広辞苑（2008）によれば「利他」とは，「自分を犠牲にして他人に利益を与えること。他人の幸福を願うこと。」という意味であり「利己」の対義語であるとされている。そして，「利他主義」とは，「他人の福祉の増進を行為の目的とする考え方。例えばキリスト教の隣人愛。また広く，他人の幸福や利益を第一にする考え方。愛他主義。」という意味であり「利己主義」の対義語であるとされている。
　しかし，本研究では，利他的行動という言葉を，そういった本来の意味での利他と幾分異なるものとして取り扱う。ここでは，それが本当の意味での利他的な精神によってもたらされたものであるか否かに関わらず，少なくともその場という狭い視野においては，行動主体が自分の意志で見返りなしで受け手を助けたという意味で利他的な行動とみなすことができれば，それは利他的行動であると考える。正式には，本研究では，利他的行動を，①行動主体が任意で行う行動であり，②公式の報酬システムによって直接，または明確に承認されておらず，③他者の幸福・福利を増進するような行動と定義する。

在するのである。
　確かに，現実には，人は，単純な利己という視野では説明のつかない，むしろ，利他的とも思える行動をとることがある。また，道徳的・倫理的な観点からは，大乗仏教の慈悲，キリスト教の隣人愛などに代表されるように，古来から世界中のさまざまな地方において，他者を思いやり利他的に振舞うことを善とする，利他的理念とでもいうべき思想が存在しているのも事実である。
　ゾンバルトとウェーバーの議論からは，ある種の利他性とそれにもとづく行動，つまり利他的行動が，そうした道徳や倫理といった観点からだけではなく，資本主義やそこに属する経営組織が円滑に機能するために利己と並んで非常に重要な役割を果たしているとの示唆を見出すことができる。

## 3．現場レベルでの利他の必要性

　次に，組織における仕事の現場レベルで成員の利他的行動が必要とされる理由について述べたいと思う。
　効果的に協働できる状態を生み出すために成員の役割分担を行うことは組織づくりの基本であるが，Katz & Kahn（1966）も述べているように，組織が円滑に機能するためには，組織が各成員に適切に役割を割り当て，それぞれの成員が自らに課せられた職務をこなすだけでは十分とはいえない。
　なぜなら，実際に組織が動き出せば，予期しなかったさまざまな事態が発生するのが当然であり，事前に組織の目的達成に必要な活動のすべてを見極めて，それを100％各成員に職務として割り当てておく，そして，どんな時にもその割り当てに隙間が生じないようにするなどということは不可能だからである。
　身近な例で考えてみることにする。何人もの人間の集まりである組織での仕事の現場においては，病気を患ってしまったり，忌引や子供の世話といった家庭の事情が発生したりなどの理由で急に欠勤する人が出ることもあるだろう。その場合，当然のこととして，出勤している人々で欠勤者が出たことによって

生じた仕事の穴を埋め合わせる必要が生じてくる。本来，欠勤している者に割り当てられていた職務だからといって，後回しにできない重要な仕事を放置しておくわけにはいかない。

また，一度に大量の注文が入ったり取引先からクレームが入ったりなどの予測不可能な事情で，一時的にある成員に一人ではこなすことが困難なほどの仕事の負荷がかかってしまうこともあるだろう。そのような場合に，自分の仕事ではないからといって，多くの仕事を抱えてパニックになっている同僚を見て見ぬふりをしてその同僚が大きな失敗を起こしてしまっては組織全体にとってマイナスになってしまう。この場合もやはり，各成員は自らに割り当てられた職務の範囲を超えて困っている者に手助けを行うことが必要である。

そして，事前に予測することが不可能という性質上，自らに割り当てられた職務の範囲を超えて手助けを行い，そうした事柄に対応したとしても，組織にはそれを評価し報奨するための仕組みが十分に整えられていない場合も多いだろう。

このように，現実的には，組織における協働の現場では，誰の職務でもないが誰かがやらないといけないという類の事柄が数多く生じてくることになる。また，そうした事柄に対応したとしてもそれをしっかり評価する仕組みがあるとは限らない。それでも，組織が円滑に機能していくためには，各成員が，自分の職務外であってもそうした類の事柄を見つけて自発的 (spontaneous) にそれを行っていくことが大切なのである。

このような理由から，組織における仕事の現場レベルにおいても利他的行動が必要とされているのである。

## 4．本書の内容

以上に，資本主義という社会制度のレベルと組織における仕事の現場のレベルから，組織の経営には利己的な行動と並んで利他的行動が必要とされるという理由を示した。

そのような理由から，利他，または利他的行動という視野から経営組織を考えることは，経営学の立場からも意義をもつものであり，深く論じられる必要のあるテーマであるといえる。

しかし，非常に多種多様な立場から研究が行われ多量の研究蓄積がなされてきた利己的行動とは異なり，経営学の立場から利他的行動を扱った研究は未だ数少ないのが現状である。

本研究は，そうした問題意識の下に，理論と実証の両面から組織における成員の利他的行動について研究を行うものである。

「第Ⅰ部 理論編」においては，まず，経営学領域における利他的行動の関連研究として組織市民行動（Organizational Citizenship Behavior：略称OCB）研究を取り上げ，その既存研究のレビューを通じて組織市民行動研究の現状と問題点を明らかにする。次に，利他ないし利他的行動という概念を使用する際に生じやすい混乱と留意点について述べ，本研究での利他的行動の定義を示すとともに，行動主体の主観的意図という側面から利他的行動の類型化を行う。そして，意義のある利他的行動研究を展開するために立脚すべき人間観を提示し，人がどのような場面でどのような種類の利他的行動をとるか，その行動パターンを規定していると考えられる要因とは何かということについて議論を行う。

「第Ⅱ部 実証編」においては，日系の製造業A社の日本工場と中国工場を調査対象として実施した国際比較調査のデータを使用して，同じ経営方式の下で同様の製造作業[7]に従事している日本人工員と中国人工員の間に利他的行動のパターンのちがいが見られるかどうか，そして，そうした利他的行動のパターンを規定している要因はなにかということについて考察する。

---

7) 調査対象企業である製造業A社は人間と自然を愛して独自の技術を通じてそれらに貢献するという経営理念をもつ企業である。経営手法的には，日中両工場において職場を製造工程ごとに小集団に分割し，その小集団の経営に対し自主性と責任をもたせるという同一の方式を採用している。また，どちらの工場においても木材加工製品の製作を行っているという点で同様の作業に従事すると表現している。

# 第Ⅰ部

# 理論編

# 第 2 章
# 既存研究のレビュー

## 1．レビューを行う研究について

　第1章で，経営学領域においては利他的行動を扱った研究は数少ないことを述べた。しかし，意外に思う人もいるかもしれないが，他の学問領域も含めて見渡せば，人が利他的行動を行う理由についての研究の歴史は非常に長いものである。たとえば古くは紀元前の古代ギリシアで活躍した哲学者であるプラトン（Plato, B.C. 427-347）の代表的著作『国家』の中にもそれに関連する哲学的・倫理学的な議論の記述を見ることができる。そして，プラトンの『国家』以降も哲学・倫理学の領域においては連綿と利他的行動に関連する議論が展開されてきている。

　近年になってからの状況を見てみると，そのような長い歴史をもつ哲学・倫理学領域での研究だけではなく，社会学や社会生物学，心理学，経済学，そして経営学などさまざまな分野において利他的行動についての議論がなされるようになってきている。

　ここでは詳しくは取り上げないがそうした近年における利他的行動研究について，その一部を概観してみよう。

　まず，経済学領域における利他的行動研究の例をあげてみると，そこでの研究は大きく2つの流れに分けることができる。第1は，自らの利益を最大化するために合理的に振舞うという利己的な個人を前提として，人に対して利他的に振舞った方が結果として自らにもたらされる利益が大きく有利である場合が

存在するということの証明を試みるタイプのものである。そして、第2は、他者が効用を得ることからも自らが効用を得るという意味で利他的な個人を前提としたうえで、そうした利他的な個人の行動によってどのような結果がもたらされるかについて分析するタイプのものである。

　前者の研究は、ゲーム理論などを用いて、他者に対して協調し利他的に振舞う方が結果として自らの利得が大きくなるということを論証するという方法をとる。たとえばそうした研究の1つである Mueller (1986) は、ゲーム理論の囚人のジレンマを用いた分析によって、繰り返しゲームにおいて tit for tat（しっぺ返し）戦略を採用しているプレーヤーがいる場合には、利己的な行動原理をもつ個人であっても、他者と協調し合った方が有利であると学習し、他のプレーヤーに対して協調的行動をとり続けるようになる可能性があると主張している。tit for tat（しっぺ返し）戦略とは、初めは相手と協調することを選択し、その次以降は前回に相手のとった選択をそのまま自分も採用するという戦略である。基本的に自分からは裏切らず、相手が裏切ればその次の回は自分も裏切るし、相手が再び協調を選択すれば、それを受け入れて自分もその次の回は協調するという行動をとる。そのような tit for tat（しっぺ返し）戦略を採用しているプレーヤーがいる場合には、利己的な個人であっても、裏切り行為を行うことは自分にとって不利益となるので、より得策であるという理由で他者に対して協調的行動をとり続けるようになる可能性があるということである。

　後者の研究は、自己の効用関数の中に他者の効用や財消費を組み込み、そのうえで自らの効用を最大化するという利他的な個人が存在すると仮定して、その行動を分析するという手法をとる。(Collard, 1978；Becker, 1981 等)

　そうした研究の1つである Becker (1981) は、なぜ市場よりも家族内においてより多くの利他的行動が行われるのかという問題について利他的な効用関数をもつ個人を仮定したモデルによって分析を行い、利他的行動をとることによって発生する心理的満足とコストという観点から、市場において利他的行動をとることは非効率なのであまり行わず、家族内では利他的行動をとることは効率的なので多く行うとの説明を行っている。

社会生物学領域における利他的行動研究の例としては，昆虫や動物などのとる利他的行動を対象として，そうした行動を遺伝子の観点から説明するというアプローチを用いる研究があげられる。たとえば，Hamilton (1964) は血縁選択という観点から，生物は自ら繁殖行為を行って自分の遺伝子を受け継ぐ子孫をできるだけ多く残すということだけを目的としていると考えるのではなく，自分に非常に近い遺伝子をもっている血縁個体に対して利他的行動をとることによって，結果的により多くの自分に近い遺伝子をもつ個体（つまり自分の子孫と血縁者の子孫の合計）を残すことを目的としていると考えれば，利他的行動をとる個体が存在することを説明できるとしている。同様に，Dawkins (1976) も利己的な遺伝子という言葉を用いて，各個体は，自らのもつある遺伝子を多く残すという目的のために利他的行動をとると説明している。

　以上に他分野における利他的行動研究の例を概観したが，本書の研究関心はあくまでも経営学的な観点から利他的行動を研究することにある。そのため，次節である「2．経営学領域における既存研究」以降においては組織における成員の利他的行動についてより一層精緻な考察を展開していくための示唆を得ることを目的として，そうした利他的行動に関連する研究蓄積の中から，特に本研究の研究関心に近いものであるという理由で経営学領域における既存研究に焦点を絞って詳細にレビューを行うこととする。

## 2．経営学領域における既存研究

　人は自分一人の力では達成することが困難な目的，あるいは達成できたとしても一人で行うことは非効率な目的を果たそうとする時に組織をつくる。そうして他者と力を合わせることによって一人では得られなかったさまざまな可能性を手にすることができる。これが人が組織をつくる根本的な理由である。

　言い換えれば，一人でいるよりも組織をつくった方が自分にとってより利益があると思うから他者と手を取り合い組織を形成するのである。そして，そのような利益を得たいという欲求は彼らの活動を支える強力な原動力ともなって

いる。そうしたことを踏まえれば、組織の中で、人が自分にとってより有利になるように利己的に振る舞おうとするのは自然なことである。

しかし、現実は複雑である。組織の中の人間行動をつぶさに観察していると、人は、しばしば、そうした自らにとっての利益の有無という視点では説明することができない行動をとっていることに気がつくであろう。また、第1章で説明したように、組織が本当に質の高い活動を行おうとすれば、その成員には、時として、自らにとって利益があるかないかという視点から離れた、ある意味で利他的な行動をとることが求められる。

こうした成員のある意味で利他的ということができる行動は、組織の生産性に深く関わっており、経営学の立場からも研究するに値するものである。そのような組織経営における利他的行動の重要性を示す証拠として、近年では、経営学関連領域においても、組織市民行動（Organizational Citizenship Behavior：略称 OCB）研究として議論が活発化しつつある。

組織市民行動研究は、世界的には Organ（1988）とその共同研究者達をはじめとして、主にアメリカの経営学者の手によって研究が展開されてきたものである。(e.g. Podsakoff et al., 1993) わが国においては、そのような研究の流れを国内に導入した西田（1997）・田中（2004）等の研究をはじめとして、主に経営行動科学・産業組織心理学系の研究者の手によって研究が展開されている。

しかし、こうした経営学関連領域における組織市民行動研究では、そもそも組織市民行動という概念が「職務満足が高くなると業績が上がる」という関係の存在を実証するために導入された概念であるという経緯から、職務満足ありきの分析視角で限定された議論がなされる傾向が存在している。そのため、人はなぜ組織市民行動を行うのかという動機面については、あまり根本にまで遡った深い議論がなされることはなかった。その点において、現状の組織市民行動研究での議論は、組織における人間の組織市民行動を捉える分析枠組みを提示するものとしては不十分なものにとどまっているということができる。また、そのような研究関心の狭さが組織市民行動という概念のもつ発展性を制限してきたことも事実である。

そうした背景を踏まえて，本章では，今後より発展した研究を行っていくための基礎を整備することを目的として，これまでに国内外で行われてきた組織市民行動に関する主要な研究をレビューする。そして，それを通じて，組織市民行動研究の現状とその問題点についての考察を行う。

## 3．組織市民行動とは

組織市民行動とは，Organ（1988, 1990）によれば，①成員の任意の行動で，②公式の報酬システムによって直接，または明確に承認されてはおらず，③集合的に組織の効率性を促進する行動，と定義される概念である[1]。

この組織市民行動という概念は，次のような2つの理由から組織にとって望ましいものとして注目されつつある。

まず，1つ目の理由としては，組織市民行動は，Barnard（1938）が示した協働（cooperation）に近い概念であることがあげられる。そのため，組織市民行動が活発に行われることによって組織の社会的メカニズムが円滑に機能するようになり組織の有効性が高まるという効果が期待できるからである。（西田，2000）

Katz & Kahn（1966）も述べているように，組織が円滑に機能するためには，各成員に適切に役割を割り当て，それぞれが自らに課せられた職務をこなすだけでは十分とはいえない。なぜなら，実際に組織が動き出せば，予期しなかったさまざまな事態が発生するのが当然であり，事前に組織の目的達成に必要な活動のすべてを見極めて，それを100％各成員に職務として割り当てておく，そして，どんな時にもその割り当てに隙間が生じないようにするなどということは不可能だからである。

そして，事前に予測することが不可能という性質上，自らに割り当てられた職務の範囲を超えて手助けを行いそうした事柄に対応したとしても，組織には

---

[1] Organ（1988, 1990）のOCBの定義の訳は西田（2000）のものを採用した。

それを評価し報奨するための仕組みが十分に整えられていない場合も多いだろう。

このように，現実的には，組織における協働の現場では，誰の職務でもないが誰かがやらないといけないという類の事柄が数多く生じてくることになる。また，そうした事柄に対応したとしてもそれをしっかり評価する仕組みがあるとは限らない。それでも，組織が円滑に機能していくためには，各成員が，自分の職務外であってもそうした類の事柄を見つけて自発的（spontaneous）にそれを行っていくことが大切なのである。

2つ目の理由としては，組織市民行動は，組織の活動にとってそのようなプラスの機能をもつものであるゆえに，個人の生産性（ないし業績，job performance）概念に加えるべきものと考えられるようになってきていることがあげられる。

二十世紀序盤から中盤にかけてハーバード大学を中心として形成された人間関係学派が醸成していった1つの労働観に「Happy worker is a productive worker」つまり「満足した労働者は生産性が高い」[2]という考え方があるが，そのような考え方に賛同する経営学者や経営者達にとっては，職場で労働者の幸福を追求していくということを正当化するためのロジックとして，職務満足と生産性の間に強い正の関係が存在することを実証することが1つの悲願であった。

しかし，個人の生産性を生産高や生産数などの直接的な数字によって測定した一連の研究においては，労働者の職務満足と生産性の間に強い正の関係が存在するという十分な実証結果を得ることができないでいた。

そうした状況を受けて組織市民行動研究の先駆者であるOrgan（1988, 1990）によって，生産性の概念を拡張して，個人の生産高や生産数など直接的な数字だけではなく，そのような数字には反映されない質的・行動的なレベルの貢献，すなわち組織市民行動を生産性の測定項目に加えることによって職務満足

---

2)「Happy worker is a productive worker」の訳は金井・髙橋（2004, p.212）のものを採用した。

と生産性の正の関係を実証できるのではないかとの見解が示された。こうした経緯によって組織市民行動は生産性と職務満足の正の関係を実証するための概念として注目されるようになったのである。この点については「5．組織市民行動の規定要因」において詳細に述べることとする。

## 4．組織市民行動の構成次元

次に組織市民行動という概念はどのような下位次元から構成されるものであるのかを見てみることにする。

組織市民行動を構成する下位次元についてはさまざまな見解が存在するが，おそらく最も多くの実証研究で用いられてきたと思われる Organ（1988）のものは，次のような5つの下位次元によって構成されている。

まず，第1は「組織に関連する課題や問題を抱えている特定の他者を援助する効果のある任意の行動のすべて」と定義される「愛他主義（altruism）」，第2は「出勤，規則への服従，休憩をとるといった点で，組織に関する最小限の役割要件をはるかに超えた従業員による任意の行動」と定義される「誠実さ（conscientiousness）」，第3は「助言，情報伝達，具申といった仕事に関連した問題が他人に起こることを回避しようとして起こす任意の行動」と定義される「礼儀正しさ（courtesy）」，第4は「従業員が理想的な環境でないことに不満を言うことなく我慢することを厭わない―すなわち，不満を言わない，ささいな苦情を口にしない，無礼な態度に不平を言わない，そしてつまらないことを裁判沙汰にしない―こと」と定義される「スポーツマンシップ（sportsmanship）」，第5は「会社の生活に責任をもって参加あるいは関与しているか，それを気にかけている人が行う行動」と定義される「市民の美徳（civic virtue）」，以上の5つである[3]。

---

3) Organ（1988）による組織市民行動の5次元の定義の訳は田中（2004）の訳を採用した。組織市民行動の因子構造に関するレビューは田中（2004）に詳細に記述されている。

## 5. 組織市民行動の規定要因

### 5.1 職務満足 (job satisfaction)

　この章の冒頭でも少し触れたが，これまでの組織市民行動研究は，成員の職務態度，その中でも特に職務満足を中心として，組織市民行動の規定要因を明らかにすることを主体に展開されてきた。

　この項では，これまでの組織市民行動研究においてもっとも重視されてきた規定要因である職務満足と組織市民行動の関係についてのレビューを行うこととする。

　まず，職務満足（job satisfaction）とは「個人の職務ないし職務経験の評価から生ずる，好ましく，肯定的な情動の状態」[4]（Locke, 1976）と定義される概念である。職務満足が組織市民行動研究において中心的な規定要因として扱われるようになった歴史的背景をたどると，話は人間関係学派の誕生当時にまで遡ることになる。

　二十世紀序盤から中盤にかけてハーバード大学を中心として形成された人間関係学派が醸成していった1つの労働観に「Happy worker is a productive worker」つまり「満足した労働者は生産性が高い」[5]という考え方がある。

　こうした学派の登場によって組織における人間的要素にも配慮しようという労働の人間化という考え方が注目を浴びるようになった訳であるが，その一方で，当時の経営者達の間には「企業の活動目的はあくまでも儲けること，すなわち営利の追求であるので，それに反してまで労働者のことを思いやり，彼らの満足向上に力をいれることはできない」という考え方が根強く残っていた。このような経営者達の考え方は一見すると冷たいように感じられるが，資本主

---

4) Locke (1976) による職務満足の定義の訳は高橋 (1999) の訳を採用している。
5) 「Happy worker is a productive worker」の訳は金井・高橋 (2004, p.212) のものを採用した。

義の原理原則から考えれば一理あるものであった。そのため，労働の人間化を推し進めようというムーブメントに加わった経営学者や経営者達にとっては，職場で労働者の幸福を追求していくということを正当化するためのロジックとして，職務満足と生産性の間に強い正の関係が存在することを実証することが1つの悲願であった。

労働者の職務満足を高めることが生産性を高めることにつながるという考え方は直感的には正しいように思われる。そして，事実，この考え方は多くの経営者達から支持を受けた。しかし，そうした考え方が正しいということをデータで実証しようとすると事は簡単には進まなかった。

Brayfield & Crockett (1955)，Vroom (1964)，Schwab & Cummings (1970) 等をはじめとして，多くの研究者達によって幾度も職務満足と生産性の正の関係の実証が試みられたが，結果として，職務満足と生産性の間には低水準の相関関係しか見出されないと結論づけられたのである。

職務満足と生産性の関係についてある程度の数の研究蓄積がなされた後にIaffaldano & Mucinsky (1985) がそれをメタ分析[6]した結果によれば，職務満足と生産性との相関関係は0.17であると推定されている。また，大里・高橋 (2001) が日本国内で実施された実証研究のみを対象としてメタ分析を行った結果でも，Iaffaldano & Mucinsky (1985) の示した推定結果と同じく，職務満足と生産性との相関関係は0.17であると示されている。

経営学で扱うデータにおいては，この0.17という相関係数の値は弱い相関であると判断するのが妥当である[7]。

---

6) 金井・高橋 (2004, p.214) によれば，メタ分析について「特定の度数間の関係について，複数の（通常はかなり多数の）先行研究から，総合的な結論を引き出すための統計的手法をさす。」と述べられている。
7) 金井・高橋 (2004, p.214) によれば，相関関係の強さを判断する基準について「経営学で扱うデータの場合，係数が0.00から0.09程度の場合，2つの間には関係がないと考えて差し支えない。また，係数が0.10～0.19程度なら弱い相関が，0.20～0.49程度なら中程度の相関が，0.50以上であれば強い相関が認められると考えるのが普通だ。」と述べられている。

したがって，これらの研究で得られた知見をみる限りでは，職務満足と生産性の間には弱い相関関係しか存在しておらず，「Happy worker is a productive worker」つまり「満足した労働者は生産性が高い」という考え方に十分な根拠を与えられるほどの結果は得られなかったということができる。

　組織市民行動研究の先駆者である Organ（1988, 1990）はこうした結果に対して異議を唱え，上に示したような一連の研究が職務満足と生産性の正の関係を十分に実証できなかった原因は，生産性の測定方法にあると指摘した。具体的に述べれば，上に示したような一連の研究では生産性を製品の生産高や生産数などの物質的・量的な基準のみで測定していたが，Organ（1988, 1990）はそれが原因で職務満足と生産性の正の関係が十分に実証できなかったのだと考えたのである。

　そして，生産性の概念を拡張して，個人の生産高や生産数など直接的な数字だけではなく，そうした数字には反映されない質的・行動的なレベルの貢献，すなわち組織市民行動を生産性の測定項目に加えることによって職務満足と生産性の正の関係を実証できるのではないかとの見解を提示したのである。（図2－1参照）

　職務満足度が低下したからといって，それに対応させて狭義の個人の生産性（＝物質的・量的な生産性）を低下させてしまうと，仕事をきちんとこなせていないと見なされて組織の自分に対する評価も下がってしまう可能性がある。そして，そのマイナス評価によって減給や解雇など何らかの制裁的な処遇がなされることもありうる。そのため，組織の成員は，多少不満足な状態にあったとしても，直ちに仕事の手を抜いて狭義の個人の生産性を低くするという行動はとりにくい状況にある。

　一方で，組織市民行動は，その定義にもある通り，広義では個人の生産性に含まれるものではあるものの，あくまでも自分の任意で行う行動であり，行ったからといって組織から報酬が得られるわけはなく，そのかわり，行わなかったからといって罰を受けるわけでもないものである。その点で，職務満足度の変化に対応して増減させることが容易であるといえる。また，社会的交換[8]の

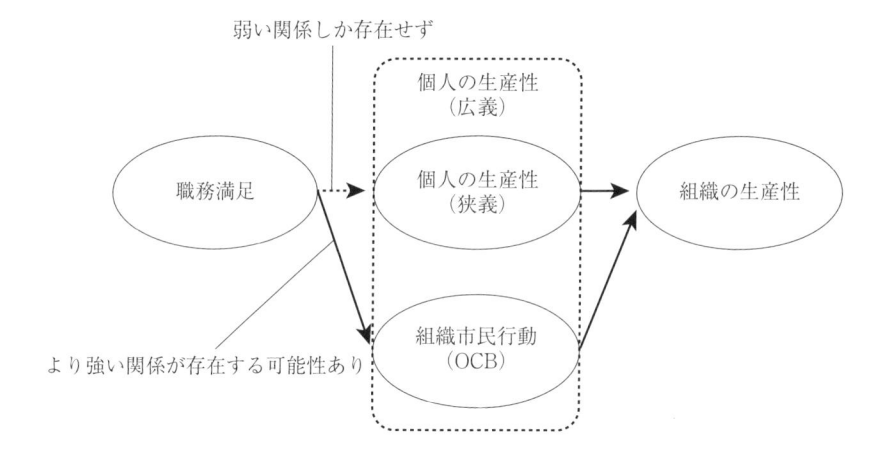

図2−1　Organ（1988, 1990）の主張の要約

```
                    弱い関係しか存在せず
                          ↓
                  ┌┄┄┄┄┄┄┄┄┄┄┄┄┐
                  ┆   個人の生産性    ┆
                  ┆    （広義）     ┆
                  ┆ ┌─────┐  ┆
                  ┆ │個人の生産性│  ┆
    ┌─────┐┄┄┄>┆ │ （狭義） │──┆→┌─────┐
    │ 職務満足 │   ┆ └─────┘  ┆  │組織の生産性│
    └─────┘    ┆              ┆  └─────┘
          \      ┆ ┌─────┐  ┆
           \     ┆ │組織市民行動│  ┆
            →   ┆ │ （OCB） │──┆→
                  ┆ └─────┘  ┆
                  └┄┄┄┄┄┄┄┄┄┄┄┄┘
    より強い関係が存在する可能性あり
```

視点から，成員が組織から恩恵を受けた場合，それに対する返礼として組織市民行動を行うという説明もなされている。（Bateman & Organ, 1983；Hoffman & Ingram, 1992）

そうした理由からOrgan（1988, 1990）は，従業員の職務満足は生産高や生産数等の狭義の個人の生産性よりも広義の個人の生産性に含まれる組織市民行動との間により強い関係が存在すると考えたのである。

そして，職務満足と組織市民行動の間により強い関係が存在するという仮説については，Bateman & Organ（1983）で職務満足と組織市民行動の間に0.41，Smith et al.（1983）では組織市民行動の下位次元の1つである愛他主義と職務満足の間に0.31といずれも中程度の正の相関が見出されたことをはじめとして，いくつもの実証研究でそのような考えを支持する結果が確認されている。(Williams & Anderson, 1991；Moorman, 1993；Organ & Ryan, 1995；田中・林・大渕,

---

8）社会的交換とは，Blau（1964）によれば，行動主体が受け手に対して価値のあるサービスを提供し，それに対して，受け手が自発的に義務感をもち，行動主体に対してその返礼を行うというプロセスを基本原理とするものであると要約できる。

1998；西田, 2000；田中, 2004)

### 5.2 職務満足以外の規定要因

職務満足以外の組織市民行動の規定要因については，組織コミットメント，組織サポート，組織的公正などについて比較的多くの研究がなされてきた。それらの規定要因と組織市民行動の理論的関係と実証結果は以下のようなものである。

まず，組織コミットメントと組織市民行動の理論的関係について述べる。Mowday et al.(1982) による定義 によれば，組織コミットメント (organizational commitment) とは「個人がある特定の組織に対して持つ同一化 (identification) とその組織への関与 (involvement) の相対的強さ」[9] という概念である。

組織コミットメントが高い従業員は「見返りを求めることなく進んで組織に貢献しよう」，「自己を犠牲にしてでも組織に尽くそう」などという態度を示すようになる。(Scholl, 1981；Weiner, 1982) そうした気持ちは理論的には従業員が組織市民行動を行う動機となると考えられることから，組織コミットメントは組織市民行動の規定要因であると考えられてきた。

組織コミットメントと組織市民行動の関係についての実証研究も数多く行われており，ある程度の研究蓄積がなされた後に行われた研究である Organ & Ryan (1995) は，組織コミットメントと組織市民行動の関係についてメタ分析を行った結果，組織コミットメントの一次元（情緒的コミットメント）が組織市民行動の有力な規定要因であることを見出している。

次に，組織コミットメントの派生的概念である組織サポートと組織市民行動の理論的関係について述べる。組織サポート (organizational support) とは「自分の成した組織に対する貢献をその組織がどの程度評価してくれているのか，自分が満足して働けているかを組織がどの程度気遣ってくれるかという事柄に

---

9) Mowday et al. (1982) による組織コミットメントの定義の訳は西田 (2000) の訳を採用している。

ついての従業員の認知」と定義される。(Eisenberger et al., 1986)

　組織サポートと組織市民行動の理論的関係については「従業員が，組織が自らに手厚いサポート体制を提供してくれていると感じ，そのことに対する返礼として組織市民行動が行われる」という説明がなされている。(Eisenberger et al., 1986；田中他，1998)

　組織サポートと組織市民行動の関係についてもいくつかの実証研究が行われており，そうした関係を支持する結果が得られている。(Shore & Wayne, 1993；Wayne et al., 1997；Moorman et al., 1998；Randall et al., 1999；田中，2004)

　最後に，組織的公正と組織市民行動の理論的関係について述べる。組織的公正 (organizational justice) とは「組織のメンバーによって認知され組織の機能に直接関連する公正さ」[10]と定義される概念である。(Greenberg, 1987, 1990)

　組織市民行動との理論的関係については，組織と成員との社会的交換と捉えて，「公正な処遇をしてくれる組織に対する返礼として組織市民行動が行われる」という説明がなされている。(Organ, 1990) また，「組織が公正であると認識することによって組織に社会的価値を感じるようになり，その結果として組織コミットメントが高まるので組織市民行動を多く行うようになる」という説明もなされている。(Tyler & Lind, 1992；Tyler, 1993；Tyler et al., 1996)

　組織的公正と組織市民行動の関係についての実証研究も数多く行われており Cohen-Charash & Spector (2001) や Colquitt et al. (2001) は組織的公正と組織市民行動の関係についてメタ分析を行い，組織的公正が組織市民行動の有力な規定要因であることを見出している。また，Niehoff & Moorman (1993) は，組織的公正の中でも特に「結果が導かれるまでの過程についての正しさに関する個々の知覚」である手続き的公正[11]が組織市民行動の有力な規定要因となるとの調査結果を示している。

---

10) Greenberg (1987, 1990) による組織的公正の定義の訳は田中 (2004) の訳を採用している。組織的公正の既存研究に関するレビューは田中 (2004) に詳細に記述されている。

## 5.3 組織市民行動と各種規定要因の関係のまとめ

以上に組織市民行動とその主要な規定要因についての既存研究を概観したが，組織市民行動とその規定要因間の理論的関係については，一部を除き，「組織が満足できる環境を与えてくれたことに対する返礼」などといった，組織と成員間の社会的交換であるとの説明がなされることが多いことがわかる。

# 6. 組織市民行動研究の問題点

## 6.1 研究関心と研究手法の固定化

レビューで見てきたように，これまでの組織市民行動研究は，その規定要因を探ることを中心として展開されてきた。その結果として，職務満足をはじめとしたいくつもの規定要因が示され，さまざまな研究において，それらが統計的には一定の説明力をもつものであることが実証されている。

しかし，そうした研究は発展途上の段階にあるものでありさまざまな問題を抱えていることは否定できない。そして，そのような問題の大部分は，組織市民行動という概念が注目されるようになったきっかけに起因するものである。

前述したように，そもそも，組織市民行動は，職務満足と数量的な意味での個人の生産性や組織の業績の間には弱い関係しか見出されないとする伝統的な見解（Schwab & Cummings, 1970；Vroom, 1964 等）に対する反論から，Organ（1988, 1990）の手によって，職務態度と業績との関係を説明するための新たな業績概念として注目されるようになったという経緯がある。

そうした経緯から，組織市民行動に関する既存研究には，その研究関心にこ

---

11) 田中（2004, pp.204-205）によれば，組織的公正は，「報酬の分配結果や決定事項についての正しさに関する個々の心理的な反応」である分配的公正（distributive justice），「結果が導かれるまでの過程についての正しさに関する個々の知覚」である手続き的公正（procedural justice），「結果に至るまでにどれだけ個人的な配慮や誠意が示され偏った対応をしなかったかといった相互作用についての正しさに関する個々の知覚」である対人的公正（interactional justice）の3つの側面があると述べられている。

だわるあまりに，研究の視点が，主に職務態度に関するものを中心として組織市民行動の規定要因であると考えられる変数を探索することと，そのような変数と組織市民行動の因果関係やその関係の強さの定量的研究に集中しすぎる傾向があった。

そのような研究関心と研究手法の固定化には，それに起因するさまざまな問題点を指摘することができる。次項以降においては，そうした問題点の内，特に重要と思われる3つの問題点について詳しく述べることとする。

## 6.2 問題①：動機についての議論の偏り

第1に，これまでの組織市民行動研究では，人はなぜ組織市民行動を行うのかという動機面については非常に偏った議論しか行ってこなかったという点があげられる。

従来の組織市民行動研究では，職務満足や組織公正性など自らが規定要因として研究関心を抱いている独立変数から組織市民行動へという一方向の因果関係を仮定して定量的な調査を実施し，そのデータについて相関分析，重回帰分析，そして共分散構造分析等の手法で統計分析を行い，有意な関係が見出されれば，なぜそうした関係が見出されたのかを考察するという研究スタイルが主流を占めてきた。

そうした統計分析が先行する探索的な研究スタイル自体は思いもかけない新たな発見事実をもたらしてくれる場合も多く意義のあるものである。しかし，同時に，ある変数間に有意な関係が見出された後になってから，その場その場でアドホックにその理由を考えるというプロセスをたどりがちになり，規定要因と組織市民行動の関係についての理論的考察がどうしても個別的で浅いものになってしまう傾向があるといえる。（図2－2参照）

前述したように，職務満足をはじめとした主要な規定要因と組織市民行動の関係については組織が満足できる環境を与えてくれたことに対する成員の返礼という社会的交換であると説明されることが多い。しかし，このような説明だけでは，人が組織市民行動を行う動機の説明としては，非常に単純，かつ，き

**図2-2 従来の組織市民行動研究が陥りがちなプロセス**

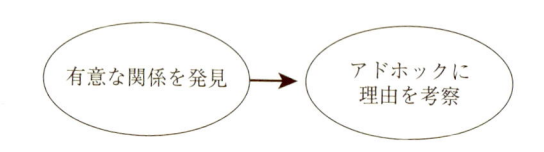

有意な関係を発見 → アドホックに理由を考察

めの粗いものであるといわざるをえない。

　Blau (1964) によれば、社会的交換とは、行動主体が受け手に対して価値のあるサービスを提供し、それに対して、受け手が自発的に義務感をもち、行動主体に対してその返礼を行うというプロセスを基本原理とするものである。

　こうした社会的交換ということを考察するうえにおいては、それぞれの組織のもつ特性を考慮に入れることが必要不可欠となってくる。たとえば、社会的交換における義務とは、ある品物を買うには何円支払う必要があるといった経済的交換のようにその内容を厳密に特定化された義務ではなく、多分に曖昧な点を含んだ「特定化され得ない義務」である。このように「特定化され得ない義務」を扱う点が社会的交換の大きな特徴だといえる。そのため、社会的交換では、そういった「特定化され得ない義務」を扱うという特性ゆえに、その交換が成立するためには、「報酬の誘意性」や「関係の時間的な持続性」「相互の信頼」等といった要素が必要不可欠である。しかし、既存の組織市民行動研究においては、そうした面において個々の組織がどのような特性をもっているかということについての考察はあまり行われてこなかった。

　そして、社会的交換の対象となり得るものには、金銭や財といった外的報酬だけでなく、他者との情緒的な交流など内的な報酬も含まれる。しかし、これまでの組織市民行動研究で用いられてきたような研究スタイルでは、実際に社会的交換が行われたのか、行われたのなら、どのようなものが交換されたのかという社会的交換の内容についてもあまり深く論じられる機会がなかった。

　たとえば、ある成員が、仕事にやりがいを感じており、自分の技術や能力を伸ばす機会にも恵まれているなどと回答し、その成員は仕事自体に満足してい

るという調査結果が得られたという場合について考えてみることにする。その時のやりがいとは，仕事を頑張ればそれに見合っただけの金銭や地位等の外的報酬が得られるといった意味でのやりがいなのか，所属組織に喜んでもらえたりさまざまな人々から必要としてもらえたりすることがうれしいといった内的報酬が得られるという意味でのやりがいなのか定かではない。自分の能力や技術を伸ばす機会への満足も同様である。能力や技術を伸ばす機会があることによってより多くの外的報酬が得られる見込みが高まるということで満足しているのか，自分自身が成長している，あるいは有能であると感じられてそのような内的報酬が得られることに満足しているのか定かではない。

　また，前述したように，従来の組織市民行動研究では，職務満足や組織公正性など自らが規定要因として研究関心を抱いている独立変数から組織市民行動へという一方向の因果関係を仮定して分析を行ってきた。確かに，ある個人が組織から何らかの恩恵を受け，それに報いるために組織市民行動を行うという因果関係は存在するであろう。しかし，同時に，ある個人が先に組織に対して何らかの恩恵を与え，組織がそれに対して返礼を行ったので，その結果として職務満足が高まっているという逆方向の因果関係も考えられるのである。

　このように，従来の組織市民行動研究においては，人が組織市民行動を行う動機について，組織が満足できる環境を与えてくれたことに対する成員の返礼という社会的交換であるとの説明がなされることが多かった。しかし，どのような背景から社会的交換が成立しているのか，そこではどのような内容の社会的交換が行われているのかといった事柄を深く考察していくという姿勢は不足していたと指摘することができる。

## 6.3　問題②：分析対象の偏り

　第2に，これまでの組織市民行動研究には，分析の視点が，成員と所属組織という2者間の関係に偏る傾向が見受けられる。

　分析モデルを組み立てる際には基本的に組織と成員の2者関係を前提としたモデルの構築がなされてきた。同様に，何らかの規定要因と組織市民行動の間

に有意な関係が見出され，その理由について考察を行う場合にも組織と成員の2者関係を前提とした解釈を行い，成員と組織の間での社会的交換として成員が行った組織市民行動であるなどとの説明を行う場合が多く見受けられる。

　しかし，成員が組織市民行動を行う動機は，なにも所属組織と成員の2者関係に起因するものだけに限定されるわけではない。組織市民行動を行う動機を社会的交換という概念を使用して説明するにしても，社会的交換が行われるのは所属組織と成員の間に限ったことではないのである。成員の周囲には同僚や上司・部下，そして顧客や仕入先などさまざまな主体が存在している。そのような組織内の仲間や，組織外の人々とも社会的交換関係は成立し得るものである。

　たとえば，ある成員が自らに課せられた売上ノルマが達成できずに困っているという場合を想定してみよう。その時にその成員が日ごろから懇意にしていた得意先の社長が，困っている成員を見かねて高額の製品を注文してくれたとする。後日，その得意先から再び新しい注文があったが，成員はそのように個人的に恩のある得意先の注文に対して，いいかげんな対応をするわけにはいかないと考えた。そして，その得意先の要望に応えるために，自分の仕事の範囲を超えて他の成員を手助けしたり，作業にミスが起こらないように細かな気遣いをしたりしたとする。この場合，成員がとった組織市民行動は，所属組織と成員との社会的交換によるものではなく，その得意先と成員との社会的交換によるものである。

　このように，従来の組織市民行動研究においては，人が組織市民行動を行う動機について考察する際に，分析の視点が，所属組織と成員という2者間の関係に偏る傾向が見受けられる。しかし，成員の周囲には同僚や上司・部下，そして顧客や仕入先などさまざまな主体が存在している。成員とそのような組織内の仲間や組織外の人々との関係によっても組織市民行動が行われることがあるのである。

## 6.4 問題③：社会的交換概念の限界

第3に，成員が組織市民行動を行う動機を説明するためには，社会的交換という概念を用いるだけでは不十分である。人が組織市民行動を行う動機は，社会的交換以外にもさまざまなものが考えられる。

たとえば，純粋に個人のもつ理念によって組織市民行動が行われる場合もあり得るであろう。労働そのものを自己目的と考え，ひたすら自らに課せられた職業的使命の達成に尽くすというプロテスタントの「天職 (Beruf)」思想[12]や日本古来の私情を抑えて仕事に打ち込む「滅私奉公」という考え方のように，文化や家庭環境，教育，宗教等を背景として，社会に貢献することや勤労に励むことを善いこと，人として進んで行うべきことと考えている人がいたとする。

その人が，組織市民行動と定義される行動をとること，たとえば，職場において他の人を助けたり，同僚に迷惑をかけないように配慮したり，職場でのいろいろなイベントに参加したりすることは，純粋に個人的な理念を動機とするものであり，誰かから恩恵を受けたのでそれに対して返礼を行うというように貸し借りという考え方にもとづいたものではない。そのため，社会的交換という視点では説明することができない。

## 6.5 動機に関する根本的考察の必要性

以上に示したような既存の組織市民行動研究が抱える問題点を解決するには，職務満足と生産性の正の関係の実証という組織市民行動概念が注目されるようになった経緯や職務態度を中心として心理学的視点・研究関心にもとづいて組織市民行動を規定する要因を探求するといった発想からいったん解き放たれて「人はなぜ組織市民行動を行うのか」，あるいはもっと根本に遡って「人はなぜ一見したところでは自分にとって何の見返りもないと思えるようなある

---

[12] マルティン・ルッターが16世紀の宗教改革の際に生み出した「職業は我々が神から与えられた現世で果たすべき使命である」という思想。(Weber, 1920)

意味で利他的な要素を含む行動を行うのか」ということについて理論的考察を行うことが必要である。

　ある規定要因をありきとするのではなく，まずは組織市民行動そのものについてそうした基礎的な動機の考察を十分に行ったうえで各々の領域での研究関心に応じてテーマと分析視角を決め，調査の実施と結果の解釈を行うといった順序を経るべきであろう。(図2-3参照)

　そのような考え方にもとづいて，次章においては，人はなぜ組織市民行動をはじめとした「一見したところでは自分にとって何の見返りもないと思えるようなある意味で利他的な要素を含む行動」を行うのかといったことについて，哲学・倫理学を中心とした異分野での利他的行動に関する議論も参照しつつ根本から考察を行う。

**図2-3　動機に関する根本的考察の必要性**

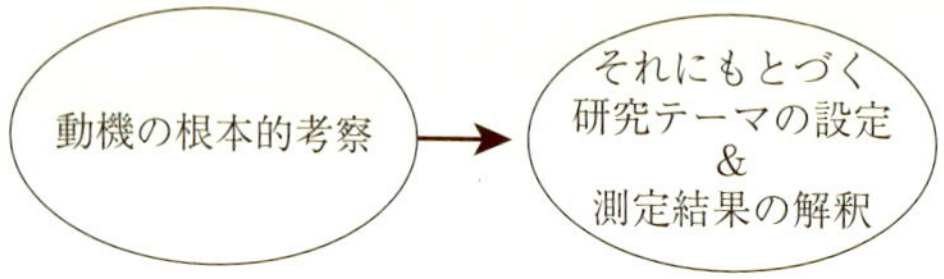

# 第3章
# 利他的行動の理論的考察

## 1．本研究の研究対象

　利他主義（altruism）という言葉は，直接的には19世紀のフランスの社会学者オーギュスト・コント（Auguste Comte：1798-1857）によって，利己主義（egoism）の対義語として初めて示された造語である。「利他」とは，「自分を犠牲にして他人に利益を与えること。他人の幸福を願うこと。」という意味であり，「自分一人だけの利益を計ること。」という意味の「利己」の対義語である。そして，「利他主義」とは，「他人の福祉の増進を行為の目的とする考え方。たとえばキリスト教の隣人愛。また広く，他人の幸福や利益を第一にする考え方。愛他主義。」という意味であり，「自己の利害だけを行為の基準とし，社会一般の利害を念頭に置かない考え方。」という意味の「利己主義」の対義語である。（広辞苑, 2008）

　しかし，本研究では，利他的行動という言葉を，そういった本来の意味での利他と幾分異なるものとして取り扱う。なぜなら，次節以降において詳細に説明するように，利他，ないし利他的行動という概念は非常に混乱を生じさせやすい概念であるので，研究対象として取り扱うことを可能とするためにはその意味の範囲を限定する必要があるからである。ここでは，それが本当の意味での利他的な精神によってもたらされたものであるか否かに関わらず，少なくともその場という狭い視野においては，行動主体が自分の意志で見返りなしで受け手を助けたという意味で利他的な行動とみなすことができれば，それは利他

的行動であると考える。正式には，本研究では，利他的行動を，①行動主体が任意で行う行動であり，②公式の報酬システムによって直接，または明確に承認されておらず，③他者の幸福・福利を増進するような行動と定義する。

このように定義される利他的行動を分析するためには，行動主体の主観的意図という観点から，利他的行動の類型化を行うことが必要である。

次節以降においては，まず利他という概念を使用する際によく生じることがある混乱について述べる。それによって研究対象として扱うことが可能な利他的行動とはどのようなものかを明確にしたうえで，主観的意図の側面から利他的行動の類型化を行う。そして，意義のある利他的行動研究を展開するために立脚すべき人間観を提示し，人がどのような場面でどのような種類の利他的行動をとるか，その行動パターンを規定していると考えられる要因とは何かということについて議論を行う。

## 2．利他についてのよくある混乱

### 2.1　利他は混乱を招きやすい言葉

利他という言葉は混乱を招きやすい言葉である。誰もが知っている言葉であり，それについて他人と議論できそうな気にさせる言葉でもある。しかし，いざ議論をしてみると，各人がそれぞれ異なる意味で利他という言葉を使用しており，その結果，混乱が生じて議論が空回りしてしまうということが多々ある。

そのため，利他という概念を扱うにあたっては，論者はそれを論じる際にどのような混乱が起こりがちであるのかについてあらかじめ理解しておく必要がある。そして，自らがどのような意味で利他という言葉を使用するのかを厳密に明確化したうえで議論を行い，無用な混乱を避けることが大切である。

筆者の経験からすると，筆者の所属する経営学系の学会や研究会等で利他的行動について議論を行う際には，いったい何をもって利他，あるいは利他的行動とみなすのかという点において，次の2.2項および2.3項に示すような2つ

のタイプの混乱がしばしば見受けられる。

## 2.2 「塞翁が馬」タイプの混乱

　利他について議論する際によく目にする混乱の1つ目は，「塞翁が馬」タイプの混乱である。

　「人間万事塞翁が馬」という故事成語があるが，その意味は広辞苑（2008）によれば「世の吉凶禍福は転変常なく，何が幸で何が不幸か予測しがたいことをいう。」とされている。昔々の中国で，ある老人が飼っていた馬に逃げられてしまった。しかし，なぐさめに来た近所の人々に老人は「これは幸せなことかもしれない」と言った。そして，しばらく経った後に，逃げ出した馬がたくさんの馬を連れて帰ってきたので，近所の人がよかったねと老人を祝福すると，今度は「これは不幸なことかもしれない」といった。さらにしばらくすると，老人の息子がその馬から落ちて足を骨折してしまったが，なぐさめに来た人々に対して老人は「これは幸せなことかもしれない」と言った。最後に，その1年後に戦争が起こり近所の若者達は兵士として戦いに駆り出されて数多くの戦死者がでたが，足を骨折していた老人の息子は兵役を免れて生き延びることができた，という故事に由来する諺である。

　これを組織に置き換えて考えてみることにする。たとえば，企業において雑用全般をこなす何でも屋的な位置づけにある庶務課を想定してみよう。

　まだ経験の浅い庶務課員のAさんがいたとする。Aさんは入社3年目であるが，入社してから現在まで，出張をする社員の出張手当の手続きをとったり必要なチケットを手配したりする仕事と社内のコピー機やプリンター用の消耗品を管理・発注したり機器の簡単なトラブルに対処したりする仕事を担当している。そこに，今年度から，年に2回ほど開催される社内のレクリエーション大会の企画・運営も新たに担当することとなった。

　しかし，いざレクリエーション大会関連の仕事をはじめてみると，どのような企画が社員に受けがいいのか，大会で使用する物品や会場はどのように手配したらよいのか等，わからないことだらけで，この仕事に不慣れなAさんに

とっては思っていた以上に手間のかかる仕事であった。

　たかがレクリエーション大会なので適当に手を抜きながらやり過ごしてしまえばよいと思う人もいるかもしれないが，Aさんの会社では，レクリエーション大会は皆がとても楽しみにしているイベントであり，社長をはじめとした多くの重役もレクリエーション大会が盛大に行われることを期待しているという状態である。そのため，担当者となった以上はとても手を抜くことはできない。Aさんには大きなプレッシャーがかかっていた。

　そして，レクリエーション大会の開催日も差し迫ったある日，急に30人もの社員が出張する必要が生じたのでAさんは急いでその出張手続きやチケットの手配をしなくてはならなくなった。30人という人数だけでも大変なものであるが，彼らはさらに数グループに分かれていて，出張先も国内のものもあれば海外のものもあってバラバラであったし，スケジュールも1泊2日から1週間以上に及ぶものまでさまざまであった。

　ここでAさんはパニックになってしまった。今すぐにやらなくてはならない仕事が多くなりすぎて，Aさんの力ではとてもすべてを完璧にこなすことはできそうになかった。

　その時，入社10年目の中堅庶務課員であるBさんが困っているAさんに助けの手を差し伸べた。Bさんは以前にレクリエーション大会の企画・運営を担当していたことがあったので，その経験を活かして面白そうな企画を立て，大会で使用する物品や会場の手配も行ってあげた。

　この場面では，中堅庶務課員のBさんはなんの見返りも期待することなく純粋にAさんが困難な状況を乗り越えられるように力を貸してあげたのだとする。そうすると，Bさんのとった行動は，その場だけを見れば，Bさんが見返りなしでAさんを助けたという意味で利他的な行動であるということができる。

　しかし，より広い視野で見れば，AさんはBさんの厚意に甘やかされている状態であるという見方も成り立つ。困難に直面したからといってすぐにBさんから手を差し伸べてもらっていては，Aさんは自らの力で困難を乗り越

える力を身につける機会を失っているとも考えられるのである。

この例の場合で言うと，Ａさんは，レクリエーション大会ではどのような企画が社員に受けるのか，大会で使用する物品や会場はどのように手配したらよいのかといったことをわからないままで済ませたことになる。

そして，当然のことながら，今後，Ａさんが今回と同様の困難に直面した時には必ずＢさんがレクリエーション大会関連の仕事を手助けしてくれるというわけではない。同じような事態やさらに厳しい事態が生じてしまったとしても，Ａさんが自分１人の力でその困難を乗り越えないといけないという場合が多々出てくるであろう。

そうなった時にＢさんの厚意に甘えてレクリエーション大会関連の仕事のノウハウを蓄積することができていなかったとしたらＡさんはかえって困ることになってしまう。

そのように考えれば，先ほどとは逆に，困っているＡさんに力を貸してあげるというＢさんの行動は，Ａさんのためになっているとはいえず，利他的ではないという考え方も成り立つ。（図３－１参照）

さらに，次のようなケースも考えられる。先ほどの例と同様に，レクリエーション大会の準備と大人数の出張の手配という大量の仕事を抱えてＡさんが

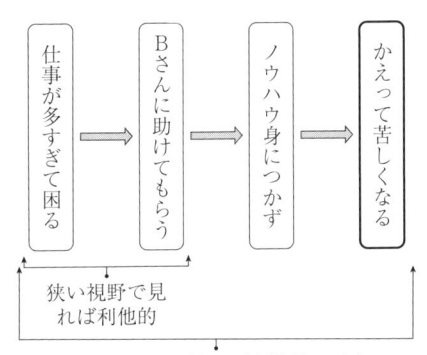

図３－１　視野の広さによる行動の意味の逆転（１）

仕事が多すぎて困る → Ｂさんに助けてもらう → ノウハウ身につかず → かえって苦しくなる

狭い視野で見れば利他的

広い視野で見れば利他的ではない

困っていたとする。

　それに対して，今度は同僚のBさんが，Aさんを助けてあげるのではなく，いじわるをするつもりで，ただでさえ大量の仕事を抱えているAさんにさらに追加で社内で使用する文具やオフィス家具の管理・発注という仕事を頼んだとする。

　この行動は，その場だけを見れば，Bさんがただでさえ困難な状況にあるAさんをさらに困難な状況に追い込んだという意味でAさんの足を引っ張る行動といえる。

　しかし，このケースについても，より広い視野で見れば別の見方をすることができる。たとえば，より困難な状況に追い込まれたAさんはいつもより真剣にどうすれば仕事を効率的にこなせるかを考えて今までの自分の仕事ぶりを見直し，無駄な点を発見して改善したとする。また，文具やオフィス家具を発注するためにそうした品物を取り扱っている業者の通信販売カタログを調べていると，偶然，そのカタログの中には社内でのレクリエーション大会向けの品物も掲載されていることに気がつき，それによって一気に大会の企画・運営のイメージが湧いたとする。

　この場合，Aさんは，より困難な状況におかれることによって自らの力で困難を乗り越える力を身につけるよい機会を得ることができたと見ることもできる。Bさんのいじわるで困難な状況に追い込まれたことによって普段以上に仕事に真剣に取り組むことになり，また，通信販売カタログという新しい情報にも触れることになり，それによって，結果的にAさんはこれまでより1ランク上の仕事能力を身につけることができたとも解釈できる。

　そのように考えれば，手助けしたことがかえってAさんを困らせることになってしまった先ほどのケースとは反対に，足を引っ張る目的で困っているAさんにさらに追加で仕事を頼むというBさんの行動は，結果的にAさんのためになっており，利他的であるという考え方も成り立つ。（図3-2参照）

　前者の例では，BさんはAさんに対して，狭い視野で見れば利他的行動をとっている。しかし，広い視野で見れば，その行動はAさんのためにはなら

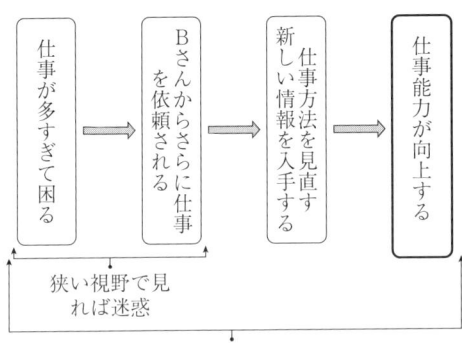

図3-2 視野の広さによる行動の意味の逆転（2）

仕事が多すぎて困る → Bさんからさらに仕事を依頼される → 新しい仕事方法を見直す情報を入手する → 仕事能力が向上する

狭い視野で見れば迷惑
広い視野で見れば利他的

ず利他的ではないという結論になる。後者の例では，BさんはAさんに対して，狭い視野で見れば足を引っ張る行動をとっている。しかし，広い視野で見れば，その行動はAさんのためになっており利他的な行動をとっているといえる。

このように，正に「人間万事塞翁が馬」という諺のように，視野を狭くとるか広くとるかによって，ある行動が利他的行動になるか否かは変わってきてしまうのである。

実際に，利他的行動について議論を行う際には，それぞれの論者が異なった視野の広さをとっていたり，視野をいたずらに広げたり狭めたりすることによって混乱が生じることがしばしば見受けられる。ここでは，こうした視野の広さのちがいから生じる議論の混乱を「塞翁が馬」タイプの混乱と名づけることにする。

## 2.3 「情けは人のためならず」タイプの混乱

利他について議論する際によく目にする混乱のもう1つは「情けは人のためならず」タイプの混乱である。

「情けは人のためならず」とは，広辞苑（2008）によれば「情けを人にかけて

おけば，めぐりめぐって自分によい報いが来る。人に親切にしておけば，必ずよい報いがある。」ということである。

　先ほどの例と同様に企業において雑用全般をこなす何でも屋的な位置づけにある庶務課を想定してみよう。

　まだ経験の浅い庶務課員のAさんは，これまで担当してきた社員の出張の手続き業務と社内のコピー機やプリンター用の消耗品の管理・発注と機器のトラブル対処業務に加えて，今年度から，年に2回ほど開催される社内のレクリエーション大会の企画・運営も新たに担当することとなった。しかし，いざレクリエーション大会関連の仕事をはじめてみるとわからないことだらけで，Aさんにとっては思っていた以上に手間のかかる仕事であった。そこに，レクリエーション大会の準備と並行して，一度に30人もの社員の出張の手配をしなければならないという事態が生じ，Aさんはこなすことができないほど多くの仕事を抱えて困難な状況に直面していた。

　その時，中堅の庶務課員であるBさんが困っているAさんに助けの手を差し伸べた。Bさんは以前にレクリエーション大会の企画・運営を担当していたことがあったので，その経験を活かして企画を立て，物品や会場の手配も行ってあげた。

　ここで，見返りなしで純粋にAさんを助けてあげた先ほどの最初の例とはちがい，この時のBさんは，Aさんに個人的に貸しをつくっておけば将来自分が困った状況に直面した時にAさんが助けてくれるだろうと期待していたとする。Bさんも多くの仕事を抱えていて大変多忙であり，時折誰かの助けが必要な状況に追い込まれてしまうことがあるので，そういう時に同じ職場のAさんから助力が得られるととても助かるという状態にあったとする。

　この行動は，その場だけを見れば，Bさんが見返りなしでAさんを助けたという意味で利他的な行動であるといえる。しかし，より広い視野で見れば，Bさんは，Aさんに貸しをつくっておけば，それに対するAさんからの返礼として，将来，自分が困った状況になった時にも手助けをしてもらえるということを期待して助けたという意味で，利己的な行動であると見ることもでき

**図3－3　社会的交換としての利他的行動**

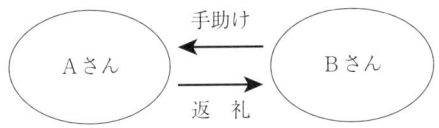

Aさん ←手助け― Bさん
Aさん ―返礼→ Bさん

る。（図3－3参照）

　次のようなケースも考えられる。上の例と同様に，Aさんがレクリエーション大会の準備と多数の社員の出張の手配という大変な仕事を抱えて困難な状況に追い込まれており，それに対して同僚のBさんが，レクリエーション大会の準備を引き受けて困難を乗り越えられるように力を貸してあげたとする。

　ただし，貸しをつくることによってAさんから返礼があることを期待して助けた先ほどのケースとはちがい，この時のBさんは「世の中は善い行いをしたらきちんと報われるようになっている」という「情けは人のためならず」タイプの世界観を前提として，Aさんを助けておけば，巡り巡っていつか自分が報われる時がくるはずであると期待して手助けを行ったとする。

　この行動は，その場だけを見れば，Bさんが見返りなしでAさんを助けたという意味で利他的な行動であるといえる。しかし，より広い視野で見れば，BさんはAさんを手助けして善い行いをすることによって，将来自分にもいいことがあるだろうという期待を抱いて手助けしたという意味で，利己的な行動であるともいえる。

　さらに，この場合はまったく別の解釈も成り立つ。Aさんという目の前に実在する人物に貸しをつくることによって，それに対してAさんから返礼がなされることを期待した先ほどのケースとは異なり，ここでは，Bさんは，「世の中は善い行いをしたらきちんと報われるようになっている」という世界観にもとづいてAさんを手助けしているのである。この場合，Bさんは善いことをすればいつか自分も報われるという期待を抱いてはいるものの，手助けをしてあげることによってAさんに貸しをつくろうとしているわけではない。

　Bさんは誰に貸しをつくってどのような見返りを得ようとしているのかが明

確ではないのである。それどころか，そもそも，そうした貸し借りといった発想をもっているのか否かという点すらはっきりしない。そのため，この場合は誰かに貸しをつくって返礼を受けるなどといった社会的交換という説明は当てはめにくいということになる。

　もう少し詳しく説明すれば，たとえば，Bさんは何らかの宗教を信仰している人であるとして，その教えにもとづいて「世の中は善い行いをしたらきちんと報われるようになっている」という考えの根拠を，自分の善い行いを神様が見てくれているからということに求めた場合はどう解釈できるだろう。

　やや強引に解釈すれば，これは神様の意思に沿うような善い行いをすることで神様からご褒美をもらおうというBさんと神様の間の社会的交換であるといえなくもないかもしれない。（図3－4参照）しかし，そもそも神様というある種の超越的な存在と人間との間に社会的交換など成立するのであろうかという疑問も生じてくる。ここで神様とはなにかという宗教的な論議をするつもりはないのでその点については深くは踏み込まないが，教義によっては「善い行いをすればそれに対して神様から見返りがある」という考え方を抱くこと自体が不純で間違ったものであるとされる場合もある。

　さらに，Bさんは，世の中を楽観的に捉える性格の持ち主であり，特に根拠がないにも関わらず「世の中は善い行いをしたらきちんと報われるようになっている」という信念をもっている人であったとしたらどうだろうか。

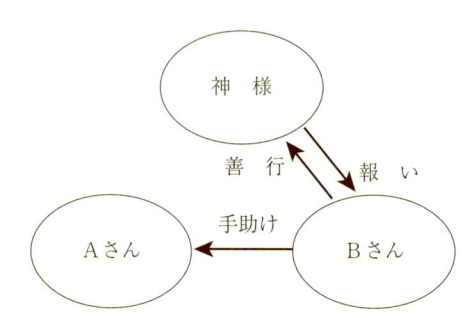

図3－4　理念による利他的行動（1）

この場合は，先ほどの宗教の例とは異なり，善い行いをしたらなぜ報われるのかという理由づけ自体が存在しない。そして，社会的交換という説明を当てはめようにも，そうした社会的交換を行う相手と考えられるものも存在しない。（図3－5参照）

はたして，これらの例のような「情けは人のためならず」タイプの行動は利他的か利己的かどちらであろうか。いつか自分も報われるという期待を抱いているという点を見れば，利己的な行動と見ることもできる。その一方で，目の前に実在する誰かからの具体的な見返りを期待しているわけではないという点を見れば，Bさんの「善いことをすればいつか自分も報われる」という信念自体が一種の利他的な思想であり，その考え方にもとづいて行われた行動も利他的な行動であると見ることもできる。

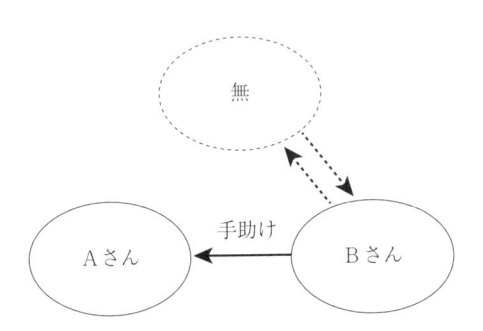

図3－5　理念による利他的行動（2）

## 3．研究対象となる利他的行動

### 3.1　分析可能な利他的行動とは

前節で示した「塞翁が馬」タイプの混乱の例にもあったように，視野を狭くとるか広くとるかによって，ある行動が利他的行動になるか否かは変わってきてしまう。善意で人を手助けしても，広い視野で見れば，それはその人を甘やかすことになり，結果的にその人のためにならないということや，逆に，その

人の足を引っ張るつもりでとった行動が，広い視野で見れば，その人の成長につながり，結果的にその人のためになるということがあるのである。

　この世界は複雑であるので，ある行動が本当にその人のためになるか否かを完全に予測することは不可能である。その場では利他的行動と見えたとしても，視野を広げていけば，いつかその行動が利他的行動ではなかったということになる可能性は否定できない。その逆もまた同様である。

　「人間万事塞翁が馬」という諺の由来である故事を見ても，現実的に考えれば，自分が飼っている馬が逃げ出したとしたら，大切な家畜の数が減ってしまったということで損をしたということになるのが自然なことであろう。一度逃げ出した馬が仲間まで連れて家に帰ってくるということはあまり起こることではない。また，息子がその馬に乗って足を折ったことも普通に考えれば不幸なことである。足が完治するまでの間に偶然大きな戦争が起こって，怪我のおかげで兵役を免れて命拾いしたということもそうそうある話とは思えない。

　しかし，視野を無制限に広げていくことが可能な限りは，どんなに可能性の低いことでもあり得ないとは言い切れない。極論すれば，物事は，それを見る視野に何らかの制限を設けなければ，どんな出来事も良いこととも悪いこととも言い切れないのである。それは利他的行動の場合も同様である。その行動を見る視野に何らかの制限を設けない限りは，どんな行動も，それが利己的行動であるか利他的行動であるかを断ずることはできないのである。

　そのため研究対象として利他的行動を考えるにあたっては，こうした視野に制限を設けないことに起因する不毛な議論に陥ってしまうことを回避するために「塞翁が馬」タイプの議論は除外して考えなければならない。

　また，「情けは人のためならず」タイプの議論も除外して考えなければならない。なぜなら，たとえ，将来的に何らかの見返りがあることを期待して利他的行動を行ったのだとしても，少なくともその場という狭い視野においては，行動主体が見返りなしで受け手を助けたという意味で利他的な行動とみなすことができるからである。

　先ほどの「塞翁が馬」タイプの場合と同じように，いたずらに視野を広げて

いくことによって不毛な議論に陥ってしまうことを避けるためには，何らかの見返りを期待したという点のみを取り上げて，だからその行動は利他的ではなく利己的な行動だとするのではなく，むしろ，少なくともその場という狭い視野においては利他的行動とみなすことができるという点を取り上げることが必要である。その場という狭い視野においては利他的行動とみなせる行動の中に，何らかの見返りを期待して行うタイプの利他的行動も含まれていると考える方が建設的な議論につながるであろう。

つまり，分析可能な範囲の利他的行動であるためには，まず，行動主体が自分の意志で利他的行動を行おうという主観的意図を抱いて行う行動であること，そして，その行動が，少なくともその場という狭い視野においては，行動主体が見返りなしで受け手を助けたという意味で利他的な行動とみなすことができることが最低限必要な条件である。それらの条件が整って初めて利他的行動を研究対象として扱うことが可能となる。

そうした理由から本研究では，それが本当の意味での利他的な精神によってもたらされたものであるか否かに関わらず，少なくともその場という狭い視野においては，行動主体が自分の意志で見返りなしで受け手を助けたという意味で利他的な行動とみなすことができれば，それは利他的行動であると考えることとしている。正式には，本研究では，利他的行動の定義を，①行動主体が任意で行う行動[1]であり，②公式の報酬システムによって直接，または明確に承認されておらず，③他者の幸福・福利を増進するような行動としている。

以下においては，そのような条件が整っていることを前提として，人が本研究が定義するところの利他的行動を行う動機にはどのようなものが考えられるか，また，そうした動機はどのように類型化することができるかといった事柄について理論的検討を行うこととする。

---

[1] ここでいう任意とは，行動主体が利他的行動を行おうという主観的意図を抱いて任意で行う行動という意味である。

## 3.2　2つの基本類型

　第2章で述べたように，人が利他的行動を行う理由についての研究の歴史は非常に長いものである。たとえば古くは紀元前の古代ギリシアで活躍した哲学者であるプラトン（Plato, B.C. 427-347）の代表的著作『国家』の中にもそれに関連する哲学的・倫理学的な議論の記述を見ることができる。そして，近年では，そのような哲学・倫理学の領域だけではなく，社会生物学や心理学，経済学，そして経営学などさまざまな分野において議論がなされるようになってきている。

　そのように，古くから現代に至るまで，さまざまな国の数多の論者によって交わされてきた議論を踏まえると，前項で示したような分析可能な範囲の利他的行動には，その本質を語るうえで非常に重要な2つの大きな類型が存在する。

　第1の類型は，道具型行動とでも呼ぶべき行動である。道具型行動とは次のような考え方を基本とするものである。

1. お金や地位，賞賛・名声など外的な報酬を得ることが自分にとっての利益であると考える。
2. ある利他的行動をとることがそのような自分にとっての利益の増進のためにどの程度役に立つかを検討する。
3. その利他的行動をとることが自分の利益増進のために十分に役立つと判断すれば実行する。

　このように道具型行動では，人は，お金や地位，賞賛・名声といった外的な報酬を得ることが自らにとっての利益であると考えており，利他的行動はそうしたものを得させてくれるので実行する価値があるという，いわば，自らの利益を増進するための「道具」として利他的行動を位置づけている。正確には道具型行動の定義を「お金や地位，賞賛・名声といった外的な報酬を得ることを目的として行う利他的行動」とする。

そこでは，行動それ自体には特別な意味はなく単なる手段に過ぎないものとみなされる。そして，その利他的行動の価値は，その行動を行うことによって自らの考えているような利益が得られるか否か，また，得られるとすれば，それはどの程度かということによって測られる。(図3－6参照)

このような考えにもとづいて行われる利他的行動は，「損して得とれ」という商人的な思考に代表されるように，表面上は利他的なものと見えたとしても，本質的には自分が利益を得るために行っている利己的な行動である。ここで重要なのは，行動主体が，ある利他的行動をとることによって先に示したような外的な利益が得られる，少なくとも，得られる可能性があると認識することである。

第2の類型は，自己目的型行動とでも呼ぶべきものである。自己目的型行動とは次のような考え方を基本とするものである。

1．ある利他的行動のもつ意味について考える。
2．その利他的行動を行うこと自体が自分にとって価値のあることで，自己の目的の1つであると考える。
3．その利他的行動をただ行うだけで自分にとっては価値があるので，その行動を実行する。

道具型行動が「自らの利益＝外的報酬」という考えをもち，その利益の獲得への貢献の度合いから利他的行動の価値を見出すのに対し，この自己目的型行動では，行動主体が，その利他的行動はどのような意味をもつものかについて考えることからはじまる。道具型行動のように目的が別にありそれを得るための手段として利他的行動に価値を見出すのではなく，このタイプの行動では，行動それ自体が自らの目的の一部になり得るか否かという観点から利他的行動の価値を判断するのである。このような考えにもとづいて行われる行動は，ある一定の意味において利他的な行動である。ここでは，このようなタイプの行動を「自己目的型行動」と呼ぶことにする。正確には自己目的型行動の定義を

**図3-6 行動と目的の関係**

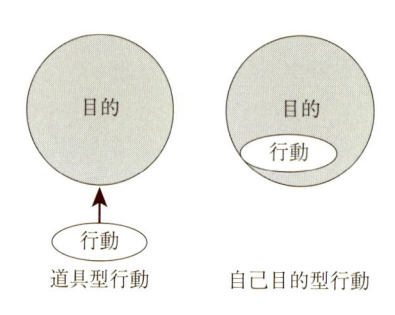

道具型行動　　　自己目的型行動

「その行動を行うこと自体を目的として行う利他的行動」とする。(図3-6参照)

次項の「3.3　利他的行動研究における人間観の重要性」では，本項での議論をさらに掘り下げていくための基礎を整備するために，利他的行動について研究を行ううえで立脚することが必要となる人間観の提示を行う。そして，その人間観にもとづいて，本項で示した「道具型行動」と「自己目的型行動」という2つの大きな類型を基本として，道具型行動と自己目的型行動のそれぞれについて，理論的に考えられる利他的行動を行う動機を列挙する。

## 3.3　利他的行動研究における人間観の重要性

利他的行動を扱ううえにおいて，人が道具型行動を行う動機について説明することは比較的容易である。なぜなら，道具型行動は，その場という狭い視野においては利他的な行動に見えているが，本質的には利己的な動機にもとづいて行われる行動であり，その点では，通常の利己的行動と変わりはないものだからである。

一方で，自らにとって何ら外的な利益をもたらさない自己目的型行動を行う動機の説明には非常に困難を伴う。

「自己の利害には直接的な関係をもたないタイプの利他的行動をいかにして合理的に説明するか」ということは非常に重要な問題である。しかし，こうし

た問題は,社会科学,特に経済学や経営学関連の領域においては,これまで深く論じられてはこなかった。

そのような例をいくつかあげてみることにする。レビューで概観したように経済学領域において利他的行動を扱った研究は,大きく分けて2つの流れに分けることができる。第1は,自らの利益を最大化するために合理的に振舞うという利己的な個人を前提として,人に対して利他的に振舞った方が結果として自らにもたらされる利益が大きく有利である場合が存在するということの証明を試みるタイプのものである。そして,第2は,他者が利益を得ることからも効用を得るという意味で利他的な個人を前提としたうえで,そうした利他的な個人の行動によってどのような結果がもたらされるかについて分析するタイプのものである。

前者の研究は,ゲーム理論などを用いて,他者に対して協調し利他的に振舞う方が結果として自らの利得が大きくなるということを論証するという方法をとる。たとえばそうした研究の1つである Mueller (1986) は,ゲーム理論の囚人のジレンマを用いた分析によって,繰り返しゲームにおいて tit for tat (しっぺ返し) 戦略を採用しているプレーヤーがいる場合には,利己的な行動原理をもつ個人であっても,他者と協調し合った方が有利であると学習し,他のプレーヤーに対して協調的行動をとり続けるようになる可能性があると主張している。tit for tat (しっぺ返し) 戦略とは,初めは相手と協調することを選択し,その次以降は前回に相手のとった選択をそのまま自分も採用するという戦略である。基本的に自分からは裏切らず,相手が裏切ればその次の回は自分も裏切るし,相手が再び協調を選択すれば,それを受け入れて自分もその次の回は協調するという行動をとる。そのような戦略を採用しているプレーヤーがいる場合には,利己的な個人であっても,裏切り行為を行うことは自分にとって不利益となるので,より得策であるという理由で他者に対して協調的行動をとり続けるようになる可能性があるということである。

後者の研究は,自己の効用関数の中に他者の効用や財消費を組み込み,その上で自己の効用を最大化するという利他的な個人が存在すると仮定して,その

行動を分析するという手法をとる。(Collard, 1978 ; Becker, 1981) そうした研究の1つであるBecker (1981) は，なぜ市場よりも家族内においてより多くの利他的行動が行われるのかという問題について利他的な効用関数をもつ個人を仮定したモデルによって分析を行い，利他的行動をとることによって発生する心理的満足とコストという観点から，市場において利他的行動をとることは非効率なのであまり行わず，家族内では利他的行動をとることは効率的なので多く行うとの説明を行っている。

こうした研究自体は非常に意義深いものであるが，前者の研究はもっぱら利己的な個人を前提として人が本研究でいうところの道具型の利他的行動を行う理由を説明しようとするものであったし，後者の研究も，自己目的型の利他的行動を扱うことを試みてはいるものの，所与のものとして他者の効用が増加することによって自己の効用も増加するという利他的な個人が存在することを仮定して，その人物がどのような行動をとるのか，そして，そうした行動がどのような結果をもたらすのかについて分析するという点に主眼が置かれてきた。そのため，そもそも，なぜその人物は他者の効用が上がることによって自己の効用も上がるのか，といった点については哲学的な議論に踏み込むことを避けるためにあえて触れないという割り切った研究スタイルがとられてきた。

また，経営学領域における利他的行動の関連研究である組織市民行動研究においては，レビューで示したように，職務満足や組織公正性など自らが規定要因として研究関心を抱いている独立変数から組織市民行動へという一方向の因果関係を仮定して相関分析，重回帰分析，そして共分散構造分析といった手法で統計分析を行い，有意な関係が見出されれば，なぜそうした関係が見出されたのかをアドホックに考察するという研究スタイルが主流を占めてきた。そして，職務満足が生産性にとってプラスの影響を及ぼすことを実証するということが常に主要な関心事とされてきたため，「自己の利害には直接的な関係をもたないタイプの利他的行動をいかにして合理的に説明するか」といった根本的なレベルの問いが注目される機会は非常に少なかった。

そのような状況を踏まえて，ここでは，人が利他的行動を行う動機について

さらに掘り下げた議論を行うための基礎整備という趣旨で，利他的行動を研究するうえにおける人間観の重要性と，有意義な利他的行動研究を展開するためにはどのような人間観を措定するべきかということについて理論的検討を行うこととする。

そもそも，人が利他的行動を行う動機について説明しようとする際には，人をどのような存在として捉えるか，すなわちどのような人間観をとるかが決定的に重要な役割を果たしている。本来，人はなぜ自己の利害には直接的な関係をもたない利他的行動を行うのか，その動機について説明を試みる際には，どのような人間観に立脚するのかを考察することを避けて通ることはできないのである。

そして，そこには決して採用すべきではない人間観というものが存在する。その人間観を採用すると，その段階で人が自己目的型行動を行う動機を合理的に説明することは不可能になってしまうというタイプの人間観が存在するのである。

しかし，近年における研究の流れの中では，こうした人間観の重要性は十分に認識されてこなかったように思われる。ここ数十年余りの関連研究を見渡すと，この人間観の段階でつまずいて行き詰ってしまっている研究がいくつも見受けられる。

それでは，人が利他的行動を行う動機について説明しようとする際に決して採用すべきではない人間観とはどのような人間観なのであろうか。

それは「独立した個人」という人間観である。ここで言うところの「独立した」とは何を意味するかというと「社会から独立した」という意味である。そもそも，あらゆる社会的関係に先立って確固とした「自己」というものが存在していて，その「自己」が，たまたま現在所属している社会において他の人々と社会的な交流をもっているに過ぎないのであり，別の社会に移ったり，極端なことをいえば，社会がなくなってしまったとしても，今の「自己」はそのままであり，それが揺らぐことはないという考え方のことである。

もし，そのように社会から「独立した個人」という人間観をとるのであれ

ば，利己的な個人を前提とせざるを得ず，道具型行動のように，一見したところは利他的な行動に見えたとしても本質的には自分が利益を得るために行っている利己的な行動であるという視野以外で人が利他的行動を行う動機を合理的に説明することは困難である。この人間観に立脚している限り自己目的型行動を行う動機を合理的に説明することはできないのである。

しかし，本当に個人は社会から独立した存在なのであろうか。現実には，決してそのようなことはない。次項では，近代の哲学者 Bradley (1876) の主張を参照しつつ人間が社会的存在であると考える根拠について説明する。そのうえで，現実の利他的行動を合理的に説明するために立脚すべき人間観を提示する。

## 3.4 Bradley (1876) の人間観

社会から「独立した個人」という人間観は古くから存在してきたものであり，これまでさまざまな学者によって擁護されてきたものである。しかし，近代の哲学者 Bradley (1876) は，そうした「独立した個人」という人間観を擁護する風潮に一石を投じて個人と社会の関係の重要性について本格的な論証を試みている[2]。

Bradley (1876) は，人間は社会から独立した存在ではなく「社会的存在」であるということを証明するために「生物学的論証」と「文化的論証」という2通りの論証を試みている。

まず，「生物学的論証」とは，①人間は遺伝によって社会的に受け継がれてきたものによって生み出される，②遺伝によって社会的に受け継がれてきたものから生み出されるということは，人間は，必ず特定の家族や人種などの社会的集団の一員として生まれてくるものである，③よって，人間は社会と切り離

---

[2] Bradley (1876) に関する解釈と考察は Norman (1998) で詳細に述べられている。本項における Bradley (1876) の解釈や用語の翻訳などは，Norman (1998) とその訳本を参考にしている。

すことができない社会的存在である，という考え方を基本とする論証である。

　我々人間は先祖代々受け継がれてきた遺伝情報をもとに構成されている存在である。そのため，人がこの世に生まれてきたということは，すなわち何らかの社会集団の中で社会的に形作られてきた遺伝情報を受け継いで生まれてきたということであり，親や先祖が存在しているということでもある。そして，何らかの人種の一員であるという属性もすでに備わっている。その意味では，人は必ず遺伝情報という社会的に育まれた系譜の中にその一員として組み込まれているものであり社会と切り離すことができない社会的存在であるという考え方である。

　しかし，この論証では，生まれるまでの過程において人間が社会的存在であることを示したに過ぎず，生まれた後も人間が社会的存在であるということまでは説明できていない。そのため，一度生まれてしまえば，人間は，社会とは独立した形で存在しうるという主張を否定することはできない。

　このような生物学的論証の欠点を補い，生まれた後も人間は社会的存在であるということ示すために生み出されたのが「文化的論証」である。「文化的論証」とは，①人間の子供は家族や人種など何らかの社会集団の中に生まれ育つものである，②人は，社会集団内の慣習や習慣を身につけることによって，はじめて他の人々との関係や自分がどのような存在であるかを理解し，アイデンティティーをもつことができるようになる，③そのため，人のアイデンティティーは社会と不可分な関係にあるものである，④よって，人は社会的存在である，という考えを基本とするものである。

　Bradley（1876）は，こうした人と社会の関係の中でも特に言語が重要な役割を果たしていると述べている。それは次のような理由からである。まず，言語とは特定の社会においてその文化を背景として誕生・発達してきたものであり，それを習得する際も社会的なプロセスを経ることによって習得するものである。そのため，言語の習得が行われる際には，言語そのものにあらかじめ組み込まれている体系的な観念や概念，そして思考方法も同時に習得することになる。また，こうして習得される観念や概念，思考方法は，一旦習得してしま

うと，自分の意思で取捨選択することはできない。

　Bradley (1876) は，言語のもつこのような性質から，人は，必然的にある社会的集団の言語のもつ諸概念などを基礎として世界を理解することになると主張している。

　つまり，人間というのは，生まれて言葉を話しはじめた段階ですでに，自分の所属する社会において発達させられてきた諸概念や思考方法によって自分を取り巻く世界を理解していることになるのである。そして，言語というフィルターを通して理解した自分と他者との関係から，自分の役割や義務を見出すのである。

　Norman (1998) は，こうした Bradley (1876) の主張に補足・修正を加え，言語の重要性に加えて，自分が生まれ育った場所への愛着心やさまざまな他者との間に構築した関係を慮る気持ち，そして，そうした社会的関係そのものを評価し改善し得る自己実現願望や各種の思想・宗教などの理念的な観点なども考慮に入れることによって，人が利他的行動を行う動機を合理的に説明する道が開けるとの見解を示している。

　難しい話になってしまったが，要するに，人は社会的存在であり，そもそもの思考方法や自己のアイデンティティー形成などの面で自らの所属する社会集団とは切っても切れない関係にある。しかし，自らの所属する社会集団だけがすべてというわけではなく，そうした社会的関係そのものを評価し改善し得る理念的な視野も同様に重要なものとしてもち合わせているのである。そして，そうしたことを前提として，人はさまざまな事柄が自分にとってどのような意味をもっているのか意味づけを行い，自分とは何者か，人生はどのような意味をもつものなのかといった統合的なレベルの意味づけも行うのである。

　そのように考えることによって，先に示した類型でいうところの自己目的型の利他的行動，つまり「直接的には自己の利害に関わらない利他的行動」について，人がそうした行動を行う動機を合理的に説明することが可能となる。

　このような理由から，本研究では有意義な利他的行動研究を展開するために上述したような人間を社会と不可分な関係にある存在であると考える社会的人

間観を採用することとする。次項においては，そうした社会的人間観にもとづいて人が利他的行動を行う動機を再度考察することを通じて，道具型行動と自己目的型行動のそれぞれについてのさらなる細分化を試みることとする。

## 3.5 利他的行動のさらなる細分化
### （1）道具型行動
① 直接型

道具型の利他的行動の中でも最も典型的なものとして，お金やサービス，地位，賞賛・名声など，その行動をとることによって直接的にもたらされるであろう外的な報酬を目的として行うタイプの行動があげられる。

このように，その行動から直接的にもたらされるであろうお金やサービス，地位，賞賛・名声などの外的な報酬を目的として行う行動を直接型行動と呼ぶことにする。正確には，直接型行動の定義を「その行動から直接的にもたらされるであろう外的な報酬を目的として行う利他的行動」とする。

直接型の利他的行動において重要なのは，行動主体が，その利他的行動をとることによって，利他的行動の対象者本人から，あるいはその利他的行動を好意的に評価する周囲の人々から魅力のある報酬を得られる，または得られる見込みがあると認識することである。社会的な交換はこの直接型行動の典型的なものである。

② 間接型

外的な報酬をねらった道具型行動としては，上に示したような直接型行動の他に，もう1つの類型が考えられる。それは，相手からの返礼など利他的行動をとることが直接的に外的な報酬に結びつくことを期待するのではなく，その行動をとることによって，間接的に，将来における外的報酬の獲得機会を広げることを目的として行うタイプの行動である。

例としては，利他的行動の中でも，職場の同僚の仕事を手助けすることを通じて積極的にさまざまな案件に関わることでさまざまな人々との関係を構築し

て人脈を広げようとする意図にもとづいて行われる行動，自分のキャリアアップのために必要な実務経験と技能を蓄積するために最低限の義務の範囲を超えて積極的に仕事に取り組もうという意図にもとづいて行われる行動等が考えられる。

このように，人脈や経験・技能など，後々の外的報酬の獲得機会を広げるものを得ることなどを目的として行われる利他的行動を間接型行動と呼ぶことにする。正確には，間接型行動の定義を「後々の外的報酬の獲得機会を広げるものを得ることを目的として行う利他的行動」とする。

間接型行動において重要なのは，行動主体が，利他的行動をとることによって，その結果として，将来における魅力的な外的報酬の獲得機会を広げるものが得られる，または得られる可能性があると認識することである。

### （2）自己目的型行動
① 社会関係型

自己目的型の利他的行動の1つとして，家族や友人，職場の同僚，所属組織など，個人が自らにとって重要な関係であると認識している対象に対して，その対象を思いやる気持ちから行うタイプの利他的行動があげられる。

ここでいう重要な関係とは形式的な関係のことではなく，個人のアイデンティティー形成上，あるいは人生の意味を見出すうえにおいて重要な意味をもつ関係ということである。

このように，家族や友人，職場の同僚，所属組織など，個人が自らのアイデンティティー形成上や人生の意味を見出すうえにおいて重要な関係であると認識している対象に対して行われる利他的行動を社会関係型行動と呼ぶことにする。正確には，社会関係型行動の定義を「個人が自らにとって重要な関係であると認識している対象に対してその幸福・福利を増進することを目的として行う利他的行動」とする。

社会関係型の利他的行動において重要なのは，その利他的行動をとることによって対象をより良い状態にしてあげられる，またはその可能性があると期待

## ② 理念型

もう1つの自己目的型の利他的行動として，組織理念や宗教，倫理観，自己実現願望，価値観などのように，個人が自らにとって重要であると認識している何らかの理念にもとづいて行われる行動があげられる。このような行動を理念型行動と呼ぶことにする。正確には，理念型行動の定義を「個人が自らにとって重要であると認識している何らかの利他的理念にもとづいて行う利他的行動」とする。

ここで重要なのは，理念の内容と，その理念が個人のアイデンティティー形成上や人生の意味を見出すうえにおいてもっている重要性である。

この類型には，個人が明確に自らの理念を意識して行動を行う場合はもちろんのこと，Weber (1920)[3]のいうところのエートス (Ethos) のように，深く考えるまでもなく反射的に自らのなじんでいる理念に沿うように行動する場合も含まれる。

代表的な利他的理念としては，世俗内で職業上の義務を遂行することが神の意にかなうことであるとするプロテスタントの「天職 (Beruf)」思想や，すべての生命を慈しみ憐れむ心をもつことを理想とする大乗仏教における「慈悲」思想等がある。

## 3.6　状況の意味づけと動機の選択

以上に利他的行動の4類型を列挙した（図3－7参照）。簡単に要約すると利他的行動は，「お金や地位，賞賛・名声といった外的な報酬を得ることを目的として行う利他的行動」と定義される道具型行動と「その行動を行うこと自体

---

[3] エートス：倫理規範そのものではなく，それが歴史とともに人々の血となり肉となっていった，社会の倫理的雰囲気とでも言うべきもの。その担い手である個々人は出来事に対して条件反射的にその命じる方向へと行動する傾向をもつ。(Weber著，大塚久雄訳，1989, p.388)

**図3−7 利他的行動の類型図**

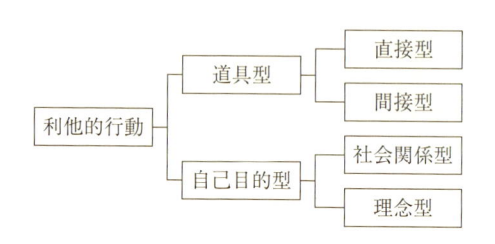

```
利他的行動 ─┬─ 道具型 ─┬─ 直接型
           │          └─ 間接型
           └─ 自己目的型 ─┬─ 社会関係型
                        └─ 理念型
```

を目的として行う利他的行動」と定義される自己目的型行動に分けられる。さらに，道具型行動は「その行動から直接的にもたらされるであろう外的な報酬を目的として行う利他的行動」と定義される直接型行動と「後々の外的報酬の獲得機会を広げるものを得ることを目的として行う利他的行動」と定義される間接型行動に分けられる。自己目的型行動は「個人が自らにとって重要な関係であると認識している対象に対してその幸福・福利を増進することを目的として行う利他的行動」と定義される社会関係型行動と「個人が自らにとって重要であると認識している何らかの利他的理念にもとづいて行う利他的行動」と定義される理念型行動に分けられる。

このように人が利他的行動を行う動機にはさまざまなものが考えられ，1つのメカニズムで説明できるという単純なものではない。そのため，現実の利他的行動を分析するうえにおいては，たとえば，多くの仕事を抱えている人を手助けするなど，外部から確認できる行動が同じものであっても，それらはまったく異なる行動原理にもとづくものであるかもしれないということを念頭においておかなくてはならない。

では，個人がどのような場合にどのメカニズムにもとづいて行動を行うのかは，いかにして決定されているのであろうか。それを知るためには，個人が，ある行動や状況，出来事をどのように意味づけているかを考慮することが必要である。

たとえば，ある企業の経営状態が悪化して倒産の危機に瀕していたとする。そして，その企業との関係と自らの仕事を家族を養うための糧を得る手段であ

ると位置づけている社員がいたとする。その場合，彼にとって関心があるのは，企業の経営状態が悪化するということが，家族を養うという自らの目的にとって得であるか，損であるかということであろう。そして，損得勘定の結果，このまま会社の経営状態が悪化して倒産してしまっては損になると考えれば，自らの職責を超えて自発的に会社を助けるような行動をとるであろう。または，これは会社に対して恩を売るチャンスであり，目立つ活躍をして経営状態の回復に貢献して会社を倒産の危機から救ったように印象づけておけば後々に会社からその見返りが得られると期待できるなどというように考えた場合も同様であろう。

　一方で，自分が長年尽くしてきた企業に対して強い愛着や思い入れをもっており，自らの人生を語る上でその企業の存在は不可欠であると思っている社員の場合はどうだろうか。そのような人にとって関心があるのは，上の例のような損得勘定ではなく，企業が存続するか否かということそのものであろう。その場合，何ら見返りが得られる見込みがなかったとしても，自らの職責を超えて企業存続のために尽力することをいとわないであろう。

　このように，個人が，ある行動や状況，出来事をどのように意味づけ，そして，自らのアイデンティティー形成や人生の意味といったことと関係づけているか，それ次第でその状況における利他的行動を行う動機となるロジックや，その組み合わせ方も異なってくるのである。その意味で，個人が行うある行動や状況，出来事の意味づけが個人の利他的行動のパターンを規定しているといえる。(図3－8参照)

## 3.7　状況の意味づけを規定する要因

　前項においては個人の利他的行動のパターンを規定しているのはある行動や状況，出来事の意味づけであると述べたが，それでは，そうした意味づけのしかたそのものを規定している要因にはいかなるものが考えられるであろうか。そのような要因にはさまざまなものが考えられるが，本研究では，先に示した「人間は社会的存在である」とする社会的人間観に従い，その最も根源的な要

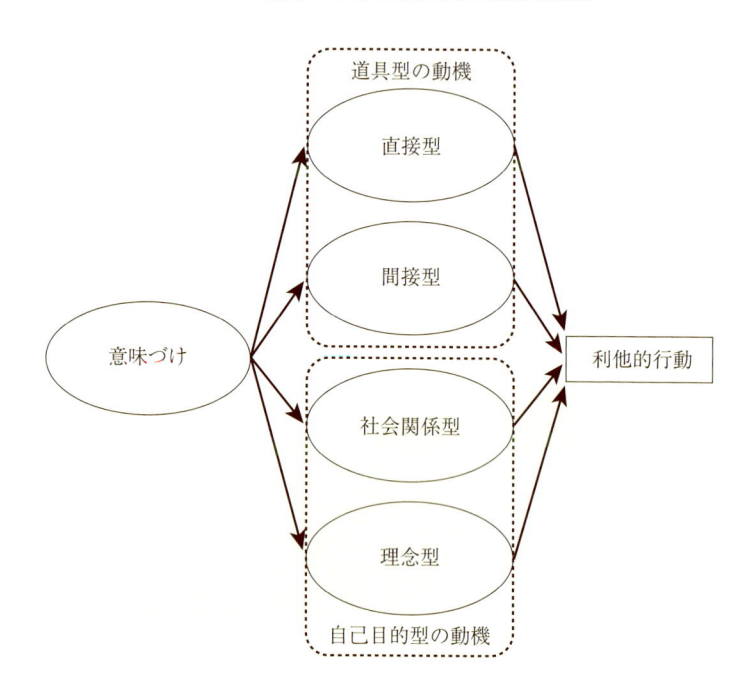

**図3-8 意味づけと利他的行動の動機の変化**

```
                    道具型の動機
                  ┌─────────────┐
                  │   直接型    │
                  │             │
                  │   間接型    │
      意味づけ ──→│             │──→ 利他的行動
                  │  社会関係型 │
                  │             │
                  │   理念型    │
                  └─────────────┘
                    自己目的型の動機
```

因として文化という概念に注目している。

　なぜならば，個人がある行動や状況，出来事の意味づけを行う際には，それに対する認識や価値判断といったことが必要不可欠であり，それには各個人が生まれ育った社会集団において習得した観念や概念，思考方法が非常に基本的，かつ大きな役割を果たしていると考えられるからである。

　そのため，理論的に考えれば，文化によってある行動や状況，出来事をどう意味づけるか，そのパターンはある程度規定されるだろう。そして，同じ文化に属する人は意味づけのパターンに共通点をもっていると考えられる。ということは，それによってどのような状況でどのような利他的行動を行うかという利他的行動のパターンにも共通点をもっていると考えられる。

　この文化という言葉は非常にさまざまな定義のなされてきた概念であり慎重に扱うことが必要な概念であるが，本研究では，Hofstede（1980, 1991）の文化

の定義を採用し「1つの人間集団の成員を他の集団の成員から区別することができる人間心理の集合的プログラミング」として捉えることとする。

そうした意味での文化には国全体や地域社会レベルなど規模の大きいものから企業や学校，そして家族レベルなど小規模なものまでさまざまなレベルの文化が考えられるが，本研究では国家レベルのもの，すなわち Hofstede（1980, 1991）がいうところの「国民国家」レベルの文化に注目している。

その理由は，Hofstede（1980, 1991）によれば，「国民国家」があらゆる人間集団の中で最も統合的で完結したものであるからである。そのため，「国民国家」レベルの文化に焦点を合わせて異なる文化をもつ国家間の比較を行うことにより，それより下位のレベルに位置づけられるさまざまな文化に対してもある程度において共通するであろう知見が得られると期待できる。

## 4．本章のまとめと実証研究の展開

本章においては，前章での組織市民行動のレビューで指摘した組織市民行動研究の現状とその反省点にもとづいて，人はなぜ「一見したところでは自分にとって何の見返りもないと思えるようなある意味で利他的な要素を含む行動」を行うのかといったことについて，その原理を解明すべく哲学・倫理学を中心とした異分野での利他的行動に関する議論も参照しつつ根本からの考察を行った。

第1に，利他，ないし利他的行動という概念はなにをもって利他とみなすかという点において議論の混乱が生じやすい概念であることを示した。具体的には，どこまでがある行動の結果であるとみなすか，その視野をどの程度広くとるかによって行動のもつ意味が逆転，あるいは二転三転してしまうことに起因する混乱である「塞翁が馬」タイプの混乱，そして，ある行動がその場という狭い視野においては利他的行動と見えたとしても，その行動がどのような動機にもとづいて行われたものか，視野を広げて行動の動機を遡って考えていくことによって，その行動が利己的なものに見えるようになる場合や逆に利己的な

行動が利他的な行動に見えるようになる場合が存在することに起因する混乱である「情けは人のためならず」タイプの混乱が存在することを示した。

　利他，ないし利他的行動という概念を研究対象として取り扱い可能なものとして意義のある利他的行動研究を展開できるようにするためには，そうした視野のとり方に何らかの制限を設けて，いたずらに視野を広げていくことによって不毛な議論に陥ってしまうことを避けることが必要である。

　分析可能な範囲の利他的行動であるためには，まず，行動主体が自分の意志で利他的行動を行おうという主観的意図を抱いて行うものであること，そして，その行動が，少なくともその場という狭い視野においては，行動主体が見返りなしで受け手を助けたという意味で利他的な行動とみなすことができることが最低限必要な条件である。それらの条件が整って初めて利他的行動を研究対象として扱うことが可能となる。

　そうした理由から本研究では，それが本当の意味での利他的な精神によってもたらされたものであるか否かに関わらず，少なくともその場という狭い視野においては，行動主体が自分の意志で見返りなしで受け手を助けたという意味で利他的な行動とみなすことができれば，それは利他的行動であると考えることとしている。正式には，本研究では，利他的行動の定義を，①行動主体が任意で行う行動であり，②公式の報酬システムによって直接，または明確に承認されておらず，③他者の幸福・福利を増進するような行動としている。

　第2に，そのような定義での利他的行動を対象として，人が利他的行動を行う動機にはどのようなものが考えられるか，また，そうした動機はどのように類型化することができるかといった事柄について理論的検討を行った。具体的には，古くから現代に至るまで，さまざまな国の数多の論者によって交わされてきた利他的行動に関する議論を踏まえると，本研究が定義するところの分析可能な範囲の利他的行動には，その本質を語るうえで非常に重要な2つの大きな類型が存在することを示した。

　その類型の1つめは「お金や地位，賞賛・名声といった外的な報酬を得ることを目的として行う利他的行動」と定義される「道具型行動」である。お金や

地位，賞賛・名声といった外的な報酬を得ることが自らにとっての利益であると考えており，利他的行動はそうしたものを得させてくれるので実行する価値があるという，いわば，自らの利益を増進するための「道具」として利他的行動を位置づけているタイプの行動である。そこでは，行動それ自体には特別な意味はなく単なる手段に過ぎないものとみなされる。そして，その行動の価値は，その行動を行うことによって，自らの考えているような利益が得られるか否か，また，得られるとすれば，それはどの程度かということによって測られる。このような考えにもとづいて行われる利他的行動は，「損して得とれ」という商人的な思考に代表されるように，表面上は利他的なものと見えたとしても，本質的には自分が利益を得るために行っている利己的な行動である。

2つ目の類型は「その行動を行うこと自体を目的として行う利他的行動」と定義される「自己目的型行動」である。道具型行動のように目的が別にありそれを得るための手段として行動に価値を見出すのではなく，行動それ自体を自らの目的の一部として位置づけ，その利他的行動を行うことは自分にとって価値があることなので行うというタイプの行動である。このような考えにもとづいて行われる行動は，ある一定の意味において利他的な行動である。

第3に，利他的行動には道具型行動と自己目的型行動が存在するということを踏まえて，利他的行動を研究する上で本質的に重要な問題である「自己の利害には直接的な関係をもたないタイプの利他的行動をいかにして合理的に説明するか」，すなわち人はなぜ自己目的型の利他的行動を行うのかということについて考察を行った。

具体的には，人が利他的行動を行う動機について説明しようとする際には，人をどのような存在として捉えるか，すなわちどのような人間観をとるかが決定的に重要な役割を果たしていることを示した。そもそも，あらゆる社会的関係に先立って確固とした「自己」というものが存在していて，その「自己」が，たまたま現在所属している社会において他の人々と社会的な交流をもっているに過ぎないのであり，別の社会に移ったり，極端なことをいえば，社会がなくなってしまったとしても，今の「自己」はそのままであり，それが揺らぐ

ことはないという考え方をとる社会から「独立した個人」という人間観を採用してしまうと，その段階で自己目的型の利他的行動を行う動機を合理的に説明することは不可能になってしまう。

　もし，そのように社会から「独立した個人」という人間観をとるのであれば，利己的な個人を前提とせざるを得ず，道具型行動のように，一見したところは利他的な行動に見えたとしても本質的には自分が利益を得るために行っている利己的な行動であるという視野以外で人が利他的行動を行う動機を合理的に説明することは困難である。この人間観に立脚している限り自己目的型の行動を行う動機を合理的に説明することはできないのである。

　そこで，近代の哲学者 Bradley (1876) の主張を参照しつつ有意義な利他的行動研究を展開するために立脚すべき人間観の提示を行った。

　人は社会的な存在であり，そもそもの思考方法や自己のアイデンティティー形成などの面で自らの所属する社会集団とは切っても切れない関係にある。しかし，自らの所属する社会集団だけがすべてというわけではなく，そうした社会的関係そのものを評価し改善し得る理念的な視野も同様に重要なものとしてもち合わせているのである。そして，そのようなことを前提として，人はさまざまな事柄が自分にとってどのような意味をもっているのか意味づけを行い，自分とは何者か，人生はどのような意味をもつものなのかといった統合的なレベルの意味づけも行うのである。

　そのように考えることによって，先に示した類型でいうところの自己目的型の利他的行動，つまり「直接的には自己の利害に関わらない利他的行動」について，人がそのような利他的行動を行う動機を合理的に説明することが可能となるのである。こうした理由から，本研究では利他的行動を分析するために上述したような社会的人間観を採用することとした。

　第4に，そうした社会的人間観にもとづいて人が利他的行動を行う動機について再度考察し，道具型行動と自己目的型行動のそれぞれについて，それらがさらに2つずつに分けられることを示した。(図3-9参照)

　道具型行動は，直接型行動と間接型行動に分けることができる。直接型行動

**図3-9 利他的行動の類型図**

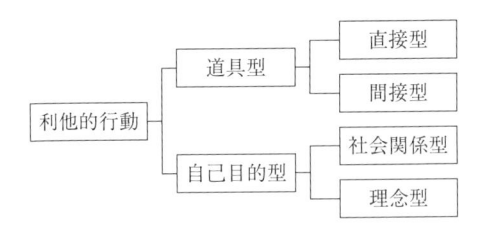

```
利他的行動 ─┬─ 道具型 ─┬─ 直接型
           │          └─ 間接型
           └─ 自己目的型 ─┬─ 社会関係型
                          └─ 理念型
```

とは，お金やサービス，地位，賞賛・名声など，その行動をとることによって直接的にもたらされるであろう外的な報酬を目的として行うタイプの行動である。正確には，直接型行動を「その行動から直接的にもたらされるであろう外的な報酬を目的として行う利他的行動」と定義する。

　直接型の利他的行動において重要なのは，行動主体が，利他的行動をとることによって，利他的行動の対象者本人から，あるいはその利他的行動を好意的に評価する周囲の人々から魅力のある報酬を得られる，または得られる見込みがあると認識することである。社会的交換はこの直接型行動の典型的なものである。

　間接型行動とは，相手からの返礼など利他的行動をとることが直接的に外的な報酬に結びつくことを期待するのではなく，その行動をとることによって，間接的に，将来における外的報酬の獲得機会を広げることを目的として行うタイプの行動である。正確には，間接型行動を「後々の外的報酬の獲得機会を広げるものを得ることを目的として行う利他的行動」と定義する。

　例としては，利他的行動の中でも，職場の同僚の仕事を手助けすることを通じて積極的にさまざまな案件に関わることでさまざまな人々との関係を構築して人脈を広げようとする意図にもとづいて行われる行動，自分のキャリアアップのために必要な実務経験と技能を蓄積するために最低限の義務の範囲を超えて積極的に仕事に取り組もうという意図にもとづいて行われる行動等が考えられる。

　間接型の利他的行動において重要なのは，行動主体が，利他的行動をとるこ

とによって，その結果として，将来における魅力的な外的報酬の獲得機会を広げるものが得られる，または得られる可能性があると認識することである。

　自己目的型行動は，社会関係型行動と理念型行動に分けることができる。社会関係型行動とは家族や友人，職場の同僚，所属組織など，個人が自らのアイデンティティー形成上や人生の意味を見出す上において重要な関係であると認識している対象に対して行われる利他的行動である。正確には，社会関係型行動を「個人が自らにとって重要な関係であると認識している対象に対してその幸福・福利を増進することを目的として行う利他的行動」と定義する。

　社会関係型の利他的行動において重要なのは，その利他的行動をとることによって対象をより良い状態にしてあげられる，またはその可能性があると期待できることである。

　理念型行動とは，組織理念や宗教，倫理観，自己実現願望，価値観などのように，個人が自らにとって重要であると認識している何らかの理念にもとづいて行われる行動である。正確には理念型行動を「個人が自らにとって重要であると認識している何らかの利他的理念にもとづいて行う利他的行動」と定義する。

　ここで重要なのは，理念の内容と，その理念が個人のアイデンティティー形成上や人生の意味を見出すうえにおいてもっている重要性である。この類型には，個人が明確に自らの理念を意識して行動を行う場合はもちろんのこと，Weber（1920）のいうところのエートス（Ethos）[4]のように，深く考えるまでもなく反射的に自らのなじんでいる理念に沿うように行動する場合も含まれる。代表的な利他的理念としては，世俗内で職業上の義務を遂行することが神の意にかなうことであるとするプロテスタントの「天職（Beruf）」思想や，すべての生命を慈しみ憐れむ心をもつことを理想とする大乗仏教における「慈悲」思

---

　4）エートス：倫理規範そのものではなく，それが歴史とともに人々の血となり肉となっていった，社会の倫理的雰囲気とでも言うべきもの。その担い手である個々人は出来事に対して条件反射的にその命じる方向へと行動する傾向をもつ。（Weber 著，大塚久雄訳，1989，p.388）

想等がある。

　第5に，こうした利他的行動の4類型を踏まえたうえで，個人が，ある行動や状況，出来事をどのように意味づけているか，そして，自らのアイデンティティー形成や人生の意味といったこととどう関係づけているか，それ次第でその状況における利他的行動の動機となるロジックや，その組み合わせ方が異なってくることを示した。その意味で，個人が行うある行動や状況，そして出来事に対する意味づけが個人の利他的行動のパターンを規定しているといえる。

　第6に，そうした意味づけのしかたそのものを規定している要因にはさまざまなものが考えられるが，本研究では「人間は社会的存在である」とする社会的人間観に従い，その最も根源的な要因として文化[5]という概念に注目していることを示した。なぜならば，個人がある行動や状況，出来事の意味づけを行う際には，それに対する認識や価値判断といったことが必要不可欠であり，それには各個人が生まれ育った社会集団において習得した観念や概念，思考方法が非常に基本的，かつ大きな役割を果たしていると考えられるからである。

　そのため，理論的に考えれば，文化によってある行動や状況，出来事をどう意味づけるか，そのパターンはある程度規定されるだろう。そして，同じ文化に属する人はある行動や状況，出来事の意味づけのパターンに共通点をもっていると考えられる。ということは，それによってどのような状況でどのような利他的行動を行うかという利他的行動のパターンにも共通点をもっていると考えられる。

　文化には規模の大きいものから小さいものまでさまざまなレベルのものが存在するが，本研究ではHofstede（1980, 1991）がいうところの「国民国家」レベルの文化に注目している。その理由は，「国民国家」はあらゆる人間集団の中

---

5）この文化という言葉は非常にさまざまな定義のなされてきた概念であり慎重にあつかうことが必要な概念であるが，本研究では，Hofstede（1980, 1991）の定義を採用し「1つの人間集団の成員を他の集団の成員から区別することができる人間心理の集合的プログラミング」として捉えることとする。

で最も統合的で完結したものであり，「国民国家」レベルの文化に焦点を合わせて異なる文化をもつ国家間の比較を行うことによって，それより下位のレベルに位置づけられるさまざまな文化に対してもある程度において共通するであろう知見が得られると期待できるからである。

以上の6つが本章における議論の要点である。そうした議論にもとづき，次章以降の「第II部　実証編」では，利他的行動の視野から既存の研究においてその「国民国家」レベルの文化が大きく異なるとされてきた国家間の比較を行うこととする。具体的には，同一企業で同一の経営制度の下で，同様の作業に従事する日本工場の日本人工員と中国工場の中国人工員を対象として，その利他的行動パターンの比較を行う。

比較の対象として日本と中国を選択した理由は，第1に，第5章において詳述するように，日本人論・中国人論の領域における議論を概観すると，日本と中国は「国民国家」レベルの文化において正反対ともいえるほどに大きな違いがあるとの指摘がなされてきた国であるということがあげられる。

第2の理由は，中国の日本に対する経済的影響力が非常に大きなものであるからである。2010年に中国の年間の名目国内総生産（名目GDP）が日本を上回り世界2位となったとのニュースが報じられ話題になったことを覚えている人も多いと思うが，中国は今や経済大国と呼ばれるほど経済の発展した国となっている。

我々の身近にある物を見渡してみると「made in china」と書かれた製品を目にすることも多いが，中国は比較的以前から安価な労働力の供給元として注目されてきた。それに加えて，最近では，経済成長によって製品の販売市場としても脚光を浴びるようになってきている。そうした中国の存在感は世界経済，特にアジア経済にとっては絶大なものがあり，すでに多数の日本企業がさまざまな形で中国に進出している。

そのように経済的に密接な関係にある日中の差異を組織の成員の利他的行動パターンの差異という視野から分析することによって，企業経営に対して，実践的な観点からも有益なインプリケーションを得られると期待できる。

# 第Ⅱ部

# 実証編

# 第4章
# 実証研究への架橋

## 1．日本版組織市民行動尺度

　第3章においては，利他的行動の本質を理解するための第一歩として，社会的人間観にもとづいて行動主体の主観的意図という観点から，利他的行動を，行動を手段として位置づける道具型行動と，行動そのものを目的とする自己目的型行動の2種類に大別した。さらに道具型の利他的行動は直接型と間接型に，自己目的型の利他的行動は社会関係型と理念型に分けられることを示した。また，個人がどのメカニズムにもとづいて利他的行動を行うのかは，個人が，ある行動や状況，出来事をどのように意味づけ，自らのアイデンティティー形成や人生の意味づけと関係づけているかを考慮することが必要であることを示した。そして，文化によってある行動や状況，出来事をどう意味づけるか，そのパターンはある程度規定されるだろう。そして，同じ文化に属する人はある行動や状況，出来事の意味づけのパターンに共通点をもっていると考えられる。ということは，それによってどのような状況でどのような利他的行動を行うかという利他的行動のパターンにも共通点をもっていると考えられる。

　そうした議論をもとに，これ以降においては，現実の組織における成員の利他的行動について日中の国際比較調査による実証研究を行うわけであるが，本研究で独自に構築した利他的行動の分析枠組みを定量的な実証研究に適用するためには，まずいくつかの方法論的課題を解決しなくてはならない。

　第1は，現実の組織において成員達はどのような行動が，本研究が定義する

ところの利他的行動であるとみなしているのか，すなわち，具体的にどのような行動が①行動主体が任意で行う行動であり，②公式の報酬システムによって直接，または明確に承認されておらず，③他者の幸福・福利を増進するような行動であるとみなしているのかをできるだけ正確に知らなくてはならない。

第2に，前章において指摘したように，利他的行動は，外部から観察される行動が同じものであっても，それらはまったく異なる行動原理にもとづくものであるかもしれないということを念頭においておかなくてはならない。その行動の本質を理解するには，個人が，ある状況や出来事をどのように意味づけ，自らのコンテクストに位置づけているかを考慮することが必要である。つまり，個人が，ある利他的行動をどのように意味づけているか，その意味づけ次第でその状況における利他的行動を行う動機となるロジックや，その組み合わせ方も異なってくるのである。

そのため，第1の課題，すなわち，現実の組織において成員達はどのような行動が本研究が定義するところの利他的行動であるとみなしているのかということを正確に知ることができたとしても，利他的行動のもつこうした性質から，1つないし少数の行動を外から見るだけでは，その行動が先に示した利他的行動のどの類型に対応しているのかを判断することは非常に困難である。かといって，インタビューなどの定性的な方法によって各個人の内面に立ち入って，それぞれの行動をどのように意味づけているのかを1つひとつ把握するということもまた非常に困難である。

そこで，ここでは利他的行動を測定する尺度として，田中（2002）が日本人を対象とした独自の組織市民行動尺度として開発した33項目からなる日本版組織市民行動尺度を代用するという方法を採用することによって，そのような課題の大部分を乗り越えることとした。

利他的行動を測定するための尺度として日本版組織市民行動尺度を代用した理由は以下の通りである。

第1は，日本版組織市民行動の定義が，本研究における利他的行動の定義と大部分において対応するものであり，研究関心とも合致するものであるからで

ある。

　組織市民行動とは，田中（2002）によれば，「命ぜられなくても従業員（職員）が自ら行う行動で，その行動によって会社（あるいは組織）の作業効率が促進されるが，従業員（職員）がそうした行動を行ったからといって，彼らの報酬や昇進に影響するわけではなく，行わなかったからといって非難されることがないもの」と定義される概念である。

　本研究の利他的行動の定義である「行動主体が任意で行う行動であり，公式の報酬システムによって直接，または明確に承認されておらず，他者の幸福・福利を増進するような行動」と比較した場合，会社（あるいは組織）において従業員（職員）が行う行動で，会社（あるいは組織）の作業効率を促進するものであるとの限定が行われているという点で若干絞り込んだ定義であるといえるが大筋は共通している。つまり，日本版組織市民行動の定義は，本研究の言葉で言い換えれば，会社（あるいは組織）において従業員（職員）が行う行動で，会社（あるいは組織）の作業効率を促進するタイプの利他的行動であるといえる。
（図4－1参照）

　本書の研究関心から逸れてしまうために本書中においては詳しくふれることはできないが，本研究の利他的行動の定義をあえて広くとってあるのは，分析対象を組織における成員の利他的行動のみに限定せずに，たとえば，人が日常生活において行う利他的行動を対象としたり，あるいは企業や官公庁，国家といった個人よりも大規模な単位の行動主体が行う利他的行動を対象としたりなど，さまざまな局面に適用可能な一般的な利他的行動の分析枠組みを構築することを志向しているためである。しかし，本書における研究関心はあくまでも組織における成員の利他的行動にあるので，日本版組織市民行動尺度をその測定尺度として使用することは本書の目的に合致しているといえる。

　第2は，日本版組織市民行動尺度は，現実の組織において成員達はどのような行動が組織市民行動にあたるとみなしているのかということに対して，非常に精緻な検討を行っている尺度であるということである。

　日本版組織市民行動尺度の定義自体は，これまで米国を中心として展開され

**図4-1　利他的行動と組織市民行動の概念的関係**

てきた組織市民行動研究で使用されてきた尺度と大部分において共通するものである。しかし，定義が同じであったとしても，制度や習慣の異なる我が国の組織では人々がどのようなものを組織市民行動とみなすか，その種類や範囲は異なってくるという問題が存在する。したがって，本当の意味で日本の組織における組織市民行動の調査を行うには，日本独自の測定項目や尺度の開発を行う必要がある。そうした問題意識にもとづいて田中（2002）は，探索的な手法にもとづいた日本版組織市民行動尺度の開発を行っている[1]。

　第3には，日本版組織市民行動尺度で見出された5つの次元軸[2]を使用すれば，それらの次元軸によって形成される意味空間上に，本研究で示した利他的行動の4類型を対応させることが可能であるためである。これによって，日本版組織市民行動尺度の測定結果を，本研究で提示した利他的行動の分析枠組み

---

1) 田中（2002）は次のような方法で日本版組織市民行動の開発を行っている。①まず，予備調査において，人事アセスメント関連の事業に携わっている人，および人事考課担当者数十人に組織市民行動の定義にあてはまるような行動を列挙してもらい，そこで得られた回答から，2名以上の回答者からほぼ同じ内容の行動が示された18項目を選び出す。②これまでの組織市民行動研究で用いられた下位尺度の中から3つ以上の下位尺度に共通して示された項目を52項目選び出す。③これらの計70項目を測定し，主因子法による因子分析を実施し，固有値1.0を基準にして17因子を抽出する。④これらの因子をプロマックス回転し，すべての因子に対して因子パターン値の低い項目や，十分なパターン値をもつ項目を少数しかもたない因子を除去するという作業を繰り返す。⑤その結果残った40項目について再度，因子分析を行い，最終的にすべての項目の因子パターン解を過不足なくとらえることのできた5因子33項目を採用する。⑥その5因子33項目に対して主因子法，プロマックス回転による因子分析を行い，最終的な尺度の構成を行う。

を使用して解釈することが可能となる。

　第4には，利他的行動の測定尺度として日本版組織市民行動尺度を代用することにより，田中（2002）の測定結果とも比較することが可能になることがあげられる。

　このような理由から，本研究においては，利他的行動の測定尺度として日本版組織市民行動尺度を代用することとした。

　次の「2. 日本版組織市民行動尺度：下位次元の意味の検討」と「3. 組織市民行動の次元軸上における各類型の位置づけ」においては，田中（2002）において見出された5次元の意味の検討と，その5次元と本研究の利他的行動の4類型との対応関係について説明する。

## 2．日本版組織市民行動尺度：下位次元の意味の検討

### 2.1　次元1：誠実さ

　誠実さとは「組織に関する最小限の役割要件を超えた従業員による任意の行動」と定義される次元である。具体的には「不必要に仕事の手を休めないように心がける。」「仕事中は無駄な会話で時間をつぶさないようにする。」といった項目で構成される次元である。

　明確な貢献対象をもつ訳ではなく，行ったとしても目立たないタイプの行動で構成される次元であるため，他者に貸しをつくるといった直接型の道具型行動や誰かのためを思って貢献するといった社会関係型の自己目的型行動としての意味合いは薄く，人脈を広げたり仕事経験を積んだりするといった間接型の

---

2）田中（2002）では，日本版組織市民行動尺度の次元として，次の5次元が見出されている。①誠実さ：組織に関する最小限の役割要件を超えた従業員による任意の行動，②対人援助：職場での対人的な援助行動に関する行動，③職務上の配慮：自分が職務を遂行する際に同僚や上司，部下がいやな思いをしないように，彼らの仕事に悪影響が出ないようにする行動，④組織支援行動：従業員が組織の外でも，組織のために良かれと行う行動，⑤清潔さ：自発的に職場をきれいにしようとする行動。

道具型行動や誠実に自らの職務に打ち込むといった理念型の自己目的型行動としての意味合いの濃い次元である。

## 2.2　次元2：対人援助

対人援助とは「職場での対人的な援助行動に関する行動」と定義される次元である。「多くの仕事を抱えている人の手助けをする。」「仕事上のトラブルを抱えている人を，進んで手助けする。」といった項目から構成される。

それらの構成項目に共通する特徴は，第1には，職場での身近な人々に対する援助行動であること，第2には，他者に生じた仕事上の問題の解決に積極的に貢献していく行動であるということである。第1の特徴から，個人的な関係性にもとづいて誰かのためを思って貢献するといった社会関係型の自己目的型行動という意味合いが濃く，第2の特徴から，貢献対象が明確であり目立つタイプの行動のみで構成されている次元であるということができ，また，自ら積極的に多様な仕事に関わっていくという点などからも，他者に貸しをつくるなどといった直接型や人脈を広げたり仕事経験を積んだりするといった間接型の道具型行動としての意味合いも濃い次元である。

## 2.3　次元3：職務上の配慮

職務上の配慮とは「自分が職務を遂行する際に同僚や上司，部下がいやな思いをしないように，彼らの仕事に悪影響が出ないようにする行動」と定義される次元である。「仕事で間違いに気がついたらすぐにそれを正す。」「一度受けた仕事は最後まで責任をもって実行する。」といった項目から構成される。

貢献対象は明確ではあるが，対人援助とは異なり，行ったとしても比較的目立たないタイプの行動で構成されている次元である。そのため，基本的には誰かのためを思って貢献するといった社会関係型や誠実に自らの職務に打ち込むといった理念型という自己目的型行動としての意味合いが濃い。道具型行動として見た場合は，人脈を広げたり仕事経験を積んだりするといった間接型行動としての意味合いが濃い次元である。

## 2.4 次元4：組織支援行動

　組織支援行動とは「従業員が組織の外でも，組織のために良かれと行う行動」と定義される。「仕事の場以外でも積極的に自分の会社（組織）を宣伝する。」「参加が義務づけられていなくても会社（組織）が主催する行事や祭典には参加する。」といった項目から構成される。

　基本的には，組織への愛着にもとづいて組織のためを思って貢献するといった社会関係型の自己目的型行動としての意味合いが濃いが，貢献対象は明確（自分の所属組織）であり，積極的に組織に貢献していくという比較的目立つ行動で構成されている次元であるため，道具型行動として見た場合は，組織に対して貸しをつくるといった直接型の道具型行動としての意味合いも濃い次元であるといえる。

## 2.5 次元5：清潔さ

　清潔さとは「自発的に職場をきれいにしようとする行動」と定義される次元である。「職場では自分の身の回りをきれいに掃除する。」「文具品・消耗品を使いやすいように整理し，配置する。」といった項目から構成される。

　明確な貢献対象をもつ訳ではなく，行ったとしても目立たず，しかも人脈や仕事経験が身につくわけでもないというタイプの行動で構成される次元であるため，直接型・間接型といった道具型行動としての意味合いは薄い。自己目的型として見た場合は，自分自身のもち場を清潔に保つという明確な貢献対象がない行動であるため社会関係型の意味合いは薄く，躾などによって身についた個人の規範意識によって行われる行動といった理念型の自己目的型行動としての意味合いの濃い次元である。

# 3．組織市民行動の次元軸上における各類型の位置づけ

　以上の議論を要約すれば，日本版組織市民行動尺度の5次元と利他的行動4類型の対応関係は以下の通りである。

第1に，直接型の道具型行動としての意味合いを強くもつ対人援助と組織支援行動の値のみが高く，その他の次元の値が低い場合が，先の分類でいう直接型行動に典型的に対応するケースである。(図4－2，表4－1参照)

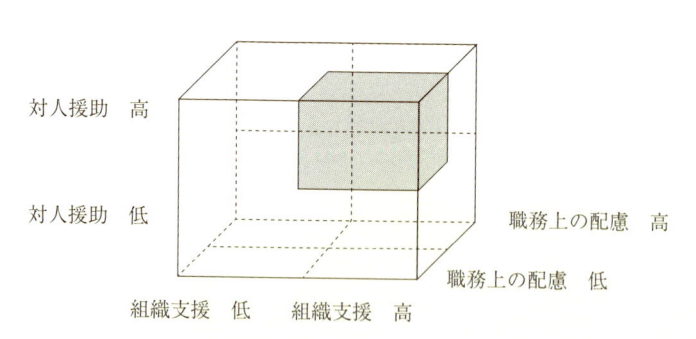

**図4－2　直接型行動の位置づけ**

第2に，間接型の道具型行動としての意味合いを強くもつ職務上の配慮と誠実さ，対人援助の値のみが高く，その他の次元の値が低い場合が，先の分類でいう間接型行動に典型的に対応するケースである。(図4－3，表4－1参照)

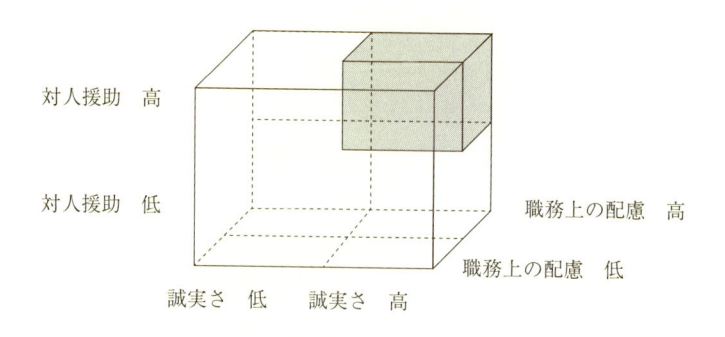

**図4－3　間接型行動の位置づけ**

第3に，社会関係型の自己目的型行動としての意味合いを強くもつ対人援助と職務上の配慮と組織支援行動の値のみが高く，その他の次元の値が低い場合

が，先の分類でいう社会関係型行動に典型的に対応するケースである。(図4－4，表4－1参照)

**図4－4 社会関係型行動の位置づけ**

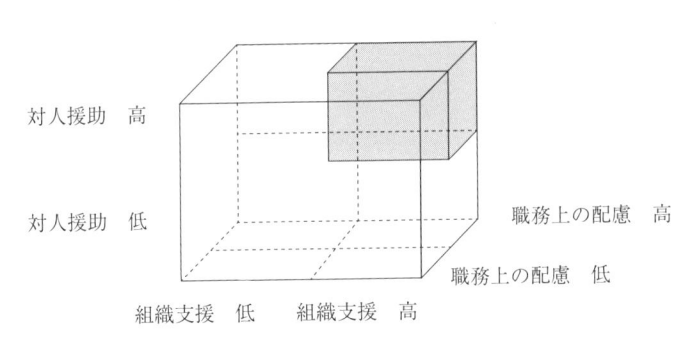

第4に，理念型の自己目的型行動としての意味合いを強くもつ清潔さと職務上の配慮と誠実さの値のみが高く，その他の次元の値が低い場合が，先の分類でいう理念型行動に典型的に対応するケースである。(図4－5，表4－1参照)

**図4－5 理念型行動の位置づけ**

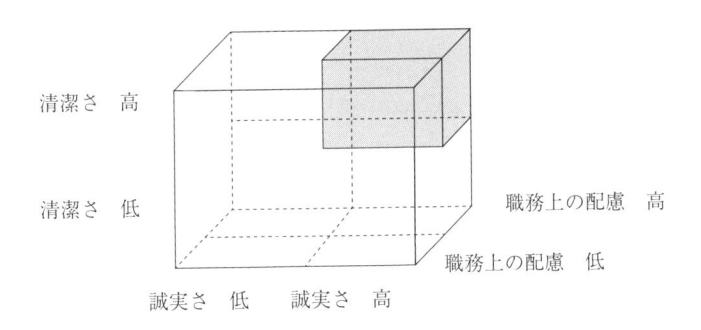

表4−1　組織市民行動の次元と利他的行動4類型の対応関係

|  | 直接型 | 間接型 | 社会関係型 | 理念型 |
|---|---|---|---|---|
| 誠実さ | 低 | 高 | 低 | 高 |
| 対人援助 | 高 | 高 | 高 | 低 |
| 職務上の配慮 | 低 | 高 | 高 | 高 |
| 組織支援行動 | 高 | 低 | 高 | 低 |
| 清潔さ | 低 | 低 | 低 | 高 |

## 4．本章のまとめ

　以上に本研究で独自に構築した利他的行動の分析枠組みを実証研究に適用するために乗り越える必要があるいくつかの方法論的課題とその解決策を提示した。これによって，日本版組織市民行動尺度の測定結果を，本研究で提示した利他的行動の分析枠組みを使用して解釈することが可能となる。

　また，この成果は既存の組織市民行動研究の調査結果をより深く考察するための解釈枠組みとしても使用が可能であり，過去の組織市民行動研究で得られた研究成果を利用して，より豊かな知見を引き出す道が開かれたといえる。

　次章以降においては，ここで得られた成果を活用しつつ，日系製造業A社において実施した日中国際比較調査のデータの分析と解釈を行い，利他的行動という視点から，日本人労働者と中国人労働者の行動パターンの差異を明らかにしていく。

# 第5章
# 利他的行動パターンの日中比較

## 1. 実証研究の展開

　第3章で示したように,「人間は社会的存在である」とする社会的人間観に立脚すれば,個人がある状況や行動の意味づけを行う際には,その状況や行動に対する認識や価値判断といったことが不可欠であり,そのような認識や価値判断には各個人が生まれ育った社会集団において習得した観念や概念,思考方法が非常に基本的,かつ大きな役割を果たしていると考えられる。

　理論的には,ある行動や状況,出来事をどう意味づけるか,そのパターンは文化によってある程度規定されるだろう。そして,同じ文化に属する人々はある行動や状況,出来事の意味づけのパターンに共通点をもっているとすれば,どのような状況でどのような利他的行動を行うかという利他的行動のパターンにも共通点をもっていると考えられる。

　この文化という言葉は非常にさまざまな定義のなされてきた概念であり慎重に扱うことが必要であるが,本研究では,Hofstede (1980, 1991) の定義を採用し「1つの人間集団の成員を他の集団の成員から区別することができる人間心理の集合的プログラミング」として捉えることとする。

　そのような意味での文化には規模の大きいものから小さいものまでさまざまなレベルのものが存在するが,本研究では国家レベルのもの,すなわち「国民国家」レベルの文化を対象として,既存の研究においてその「国民国家」レベルの文化が大きく異なるとされてきた国家間の比較を行う。

その理由は，1つには，Hofstede（1980, 1991）によれば，「国民国家」があらゆる人間集団の中で最も統合的で完結したものであるからである。そのため，「国民国家」レベルの文化に焦点を合わせて異なる文化をもつ国家間の比較を行うことにより，それより下位のレベルに位置づけられるさまざまな文化に対してもある程度において共通するであろう知見が得られると期待できる。

　そうした研究関心にもとづき，ここでは，「国民国家」レベルの文化が組織の成員の利他的行動パターンに及ぼす影響について考察するため，日系の製造業A社の日本工場と中国工場を調査対象として，同じ経営方式[1]の下で同様の製造作業に従事している日本人工員と中国人工員の間に明確な利他的行動パターンの差異が見られるかどうかを比較する。

　比較の対象として日本と中国を選択した理由は，第1に，次節において詳述するように，日本人論・中国人論の領域における議論を概観すると，日本と中国は「国民国家」レベルの文化において正反対ともいえるほどに大きな違いがあるとの指摘がなされてきた国であるということがあげられる。

　第2の理由としては，中国の日本に対する経済的影響力が非常に大きなものであることがあげられる。2010年に中国の年間の名目国内総生産（名目GDP）が日本を上回り世界2位となったとのニュースが報じられ話題になったことを覚えている人も多いと思うが，中国は今や経済大国と呼ばれるほど経済の発展した国となっている。

　我々の身近にある物を見渡してみると「made in china」と書かれた製品を目にすることも多いが，中国は比較的以前から安価な労働力の供給元として注目されてきた。それに加えて，最近では，経済成長によって製品の販売市場としても脚光を浴びるようになってきている。そうした中国の存在感は世界経

---

[1] 調査対象企業である製造業A社は人間と自然を愛して独自の技術を通じてそれらに貢献するという経営理念をもつ企業である。経営手法的には，日中両工場において職場を製造工程ごとに小集団に分割し，その小集団の経営に対し自主性と責任をもたせるという同一の方式を採用している。また，どちらの工場においても木材加工製品の製作を行っているという点で同様の作業に従事すると表現している。

済，特にアジア経済にとっては絶大なものがあり，すでに多数の日本企業がさまざまな形で中国に進出している。

そのように経済的に密接な関係にある日中の差異を組織の成員の利他的行動パターンの差異という視点から分析することにより，企業経営に対して，実践的な観点からも有益なインプリケーションが得られると期待できる。

具体的な手順を述べると，まず次節である「2. 日本人論・中国人論についてのレビュー」においては，日本人論・中国人論の既存研究をレビューすることを通じて，これまでにさまざまな論者によって指摘されてきた日本と中国の「国民国家」レベルの文化のちがいを整理する。その上で「3. A社における日中比較調査」以降において日中の国際比較アンケート調査のデータを用いた実証研究を展開し，実際に測定された利他的行動のパターンのデータを分析することによって，レビューで示したような日本と中国の「国民国家」レベルの文化のちがいが見られるか否かを明らかにする。

## 2．日本人論・中国人論についてのレビュー

### 2.1　日本と中国は「同文同種」か

中国は5千年に及ぶともいわれる歴史をもつ国家であり，日本は古くからその影響を受けながら発展してきた。いうまでもないことであるが，我々日本人が日ごろ使用している漢字も元をたどれば中国から取り入れたものである。他にも，都市設計の在り方や制度，文化など非常に多岐にわたる領域において，日本は中国をお手本としてきたという経緯がある。また，人種的にも近いものがある。目や肌の色，骨格などの点で一見して明らかな違いが見て取れる欧米人とは異なり，日本人と中国人は同じアジア系に属しているために風貌も似通っている。

そのため，日本と中国はよく似ている国，同文同種の国と考えられることも多い。広辞苑（2008）によると同文同種とは「文字を同じくし，人種を同じくすること。主に日本と中国とについていう。」という意味の言葉である。こう

した言葉が存在していることからも日本と中国は似通った国であるという見方が広く浸透していることがわかる。

しかし，実際のところはそうではない。日本と中国は同じどころか正反対と言ってもよいほどちがう国である。そうしたちがいについてはこれまでに展開されてきた日本人論・中国人論において詳しく論じられている。日本人論・中国人論の領域においては，陳（1984）や王（2004）をはじめとした多くの研究者によって，日本と中国は同文同種ではないとの指摘がなされており，日本と中国は同文同種どころか相当程度に異なる文化をもつ国家であるといわれている。

次項以降においては，そうした日本人論・中国人論を概観することを通じて，日本文化と中国文化の相違点を明らかにする。

## 2.2　日本人論・中国人論研究の流れ

これまで，日本においては非常に活発に日本人論が論じられてきた。また，日本人は自ら日本人論を論じることが好きなだけではなく，人が日本人論を論じているのを聞いたり，著書を読んだりすることも好きである。こうした日本人の日本人論好きは世界的にも珍しいほどのものであるとさまざまな論者によって指摘がなされている。

それでは，なぜ日本人はそれほど日本人論が好きなのであろうか。日本人が日本人論を活発に論じてきた理由としてはさまざまなものが考えられるが，その1つには，日本が，小さな島国であり，国際化していく社会の中で自分たち以外の他者の存在を意識せざるを得ない状況にあったことがあげられる。特に，近現代においては，第2次世界大戦をはじめとした国際社会における諸外国とのせめぎあいによって日本は自分たち以外の他国の存在を強く意識せざるを得ない状況に置かれていたということができる。つまり，他国の存在を強く意識していたからこそ，自分たち日本人とはいったいどういう存在なのか，他国からどのように見られているのかということに関心をもったということである。

日本人論と呼ぶことのできる文献は非常に古くから存在しているが，現代的な日本人論を語るうえではアメリカの文化人類学者であるルース・ベネディクト（Ruth Benedict：1887-1948）の『菊と刀』（Benedict, 1946）を欠かすことはできない。

　『菊と刀』は，アメリカが第2次世界大戦における敵国であった日本の文化を知るためにルース・ベネディクトに研究・執筆を委託したものである。

　この『菊と刀』は，その執筆のきっかけこそアメリカ政府が日本に対する政策立案の参考とするために日本の文化を理解したいと考えたことによるものであったが，発行後，非常に多くの日本人によって読まれ，戦後の日本人による日本人論研究を活性化させる起爆剤としての役割を果たした。

　戦後に日本人によって執筆された日本人論の代表的な著書として土居健郎の『甘えの構造』（土居，1971）があげられる。しかし，その土居自身が同書の中でアメリカ留学中にアメリカ人の知人から借りた『菊と刀』を呼んで深い感銘を受けた旨の記述をしている。そうした点からも，戦後から現代に至る日本人論の系譜の中で，ルース・ベネディクトの『菊と刀』がいかに大きな影響を及ぼしてきたかがわかる。

　おおざっぱにいえば，戦後の日本人論は，ルース・ベネディクトの『菊と刀』を原点として，そして土居健郎の『甘えの構造』を中間点として，少なからずその影響を受けた日本人によって，そして時には日本に興味をもつ外国人の手によって活発に論じられてきたということができる。

　そのような日本人の日本人論好きとは対称的に，中国においては中国人論はあまり活発に論じられてはこなかった。近年の国際社会における中国の台頭とともに中国人論が論じられる機会は徐々に増えつつあるものの，その数は未だ少数である。

　中国において中国人論があまり論じられてこなかった理由の1つとしては，中国独特の世界観の存在があげられる。

　筆者が先ほどから使用しているこの中国という呼び方は通称であり正式名称は中華人民共和国であるが，広辞苑（2008）によれば，中華とは「昔，中国人

（漢民族）が世界の中心にあって最も文化の進んだ国として自国を呼んだ称。」という意味である。

　小さな島国であり，国際社会の中で自分たち以外の他者の存在を意識せざるを得ない状況にあった日本とは異なり，中国は，歴史上の非常に長い期間にわたって圧倒的な存在感を誇ってきた国家である。その例として，日本においても映画や小説，漫画，アニメ，ゲームなどさまざまなジャンルにおいて作品化されて非常に親しまれている物語である『三国志』について考えてみよう。

　周知のとおり『三国志』は中国の後漢末期から三国時代における魏・蜀・呉の三国の興亡を記したものであるが，そこでは数十万人から数百万人ともいわれる規模の国々が存在しており，群雄割拠の戦国時代が展開されている。

　しかし，この『三国志』の時代は西暦でいえば180年代から280年代頃，つまり2世紀から3世紀頃の話である。この頃，日本はどのような状態であったかといえば，まだ弥生時代であった。人々は各地に小規模な集落を形成して生活を営んでおり，稲作の普及によってそれ以前と比べれば人口が増えた時代ではあるものの，日本全体でも60万人程度の人口に過ぎなかったとの説がある。

　こうした事実を見ると，歴史的に見て，特にアジアにおいて中国がいかに圧倒的な存在感をもつ国であったかが実感できるだろう。

　そのような歴史的経緯から，中国では，自分たちがこの世界の中心である，あるいは世界のほとんどすべてであるという認識が根強くもたれ続けてきた。いわゆる中華思想と呼ばれるものである。そのため，そもそも自分たちが他の国からどう見られているかということを考えようという動機をもつ機会自体が極端に少ない状況にあったということができる。

　近代に入って，アヘン戦争をはじめとした欧米列強との争いが激化してからは，自らの国民性について分析・改善してより強い国家をつくろうという動機から中国においても中国人論に関する研究が増えてくるようになった。しかし，日本人論と比較すれば研究関心が自国の強化に限定される傾向が強く，研究の数自体もまだまだ少ないものである。

　むしろ，最近30年あまりの間においては，中国が急速に発展して国際社

会・国際経済における存在感を増していくに従って，そのような中国と上手に付き合っていく方法を模索しようとする日本人の手によって中国人論が論じられる機会が増えてきたという状況がある。特に，21世紀に入ってからは，日本人による中国人論の著作の発表数が加速度的に増加してきている。

## 2.3 日本文化と中国文化のちがい

以上のように，日本人論と中国人論は，その発展の歴史や研究蓄積の質・量などの面においてさまざまなちがいがある。しかし，そうした研究の蓄積の中からは，さまざまな論者によってかなり一貫して指摘がなされている日本人の特徴，中国人の特徴を見出すことができる。それは，次のようなものである。

第1に，最も根源的な点として，日本と中国の風土のちがいから生じる国民性のちがいがあげられる。

例をあげると，崔世廣（王敏編著，2004，pp.196-211）は，日本には山や川に隔てられた小さな盆地が多く存在しており，そうした盆地で閉鎖的な農耕共同体が形成されたことから，その土地の自然環境や農耕共同体という社会集団との間に依存・共存の関係が形成され，それによって日本人の特徴である自然や共同体の内部者との「和」を重んじるという基本的な性格が生まれてきたと述べている。

それに対して，中華民族の発祥地である黄河中下流域は，絶えず干ばつと洪水という自然災害に見舞われる地域であったため，そうした自然災害と戦う中で，問題に立ち向かったり自己を向上させたりしようという性格が生まれてきたと述べている。また，干ばつや洪水に対応するためには大規模な利水工事が必要であったこと，さらに，そのような自然災害に対応するだけではなく遊牧民族の侵入を阻止する必要もあったことなどから高度な集権的専制主義社会制度が形成され，上下関係ないし支配服従関係を基本とした人間関係が発達していったと述べている。

もう1つ例をあげると，清水（1984）は，ほぼ単一民族であり四方を海に囲まれた日本では国内のみで閉ざされた小さな世界を形成していたのに対し，大

陸で広大な国土をもち多様な民族が入り混じった環境で生活してきた中国人は，そうした環境で生き抜くために利己に徹する姿勢を発達させていったと分析している。

　このような日本人と中国人のちがいをそれぞれの国の自然環境に求めるタイプの主張は数多くの研究者によってなされてきたものである。

　そうした議論をまとめると，日本は大規模な自然災害にさらされることが少なく比較的暮らしやすい風土であったため，日本人は，元をたどれば人間は自然から生まれてきたものであるので自然は敵ではなく調和すべき対象であるとみなす考え方を発達させてきたといわれている。

　それに対して，中国では黄河の氾濫や干ばつなど大規模な自然災害にさらされることが多く，その脅威にさらされながら生きることを強いられる風土であった。そうした環境においては，日本のように自然と調和するという発想をしていては自然から無秩序にもたらされる恵みと災厄に翻弄されつづけることになってしまう。そのため中国人は自然は調和すべき対象ではなく，人間が対抗してコントロールすべき対象であるとみなしてきたのである。ここに日本と中国の根本的なレベルでのちがいが存在している。

　そうした風土のちがいからもたらされる人間と自然の関係に対する考え方は，それぞれの社会における人間関係のあり方をも規定している。

　大規模な自然災害にさらされることが少なく比較的暮らしやすい風土で閉鎖的な農耕共同体を形成してきた日本においては，共同体内の秩序を保ちその運営・存続に貢献していくということに価値がおかれた。

　そうした状況下においては，共同体内部の人々は共存していくべき対象とみなされ集団主義的な考え方が発達した。各個人は，自己の利益を増やすということよりも共同体内の秩序を保つことを目的として行動することを重視するようになった。つまり，自然がある程度安定しているので，農耕共同体が滞りなく運営されてさえいれば生活していけるだけの糧を得ることができる可能性が高い状況であった。そのため，各個人が各々の利益を主張するのではなく農耕共同体の維持・存続に重きを置く考え方がなされたのである。日本人がほぼ単

一の民族であったため，自己と他人をあまり区別することなく一体のものとみなしやすい心理的特性があったこともこうした集団主義が発達することを促進する要因となった。

　また，そうした状況下では，各個人の突出した能力や活躍はあまり必要性がなく重要視されなかった。「すぐれてぬけ出ている者は，とかく憎まれる。また，さしでてふるまう者は他から制裁されることのたとえ。」（広辞苑，2008）という意味の「出る杭は打たれる」という諺があるが，個人の突出した能力や活躍よりも，農耕共同体内の和を保つことが大切と考えられたのである。

　それに対して，氾濫や干ばつなど大規模な自然災害にさらされることが多く，さらに他民族の侵攻にも気をつけなければならなかった中国では，そうした数々の脅威に対抗できるだけの力を身につけることに価値がおかれた。

　そして，そのような状況下においては，何らかの共同体に所属していたとしても，それは共同体内部の人々と共存していくためというわけではなく自己の利益を保つためにお互いを利用しあっているのだという個人主義的な考え方が発達した。

　つまり，自然や他民族という脅威に対抗できるか否かということが最も大切で，自己の所属する共同体が滞りなく運営されてさえいれば生活していけるという状況ではなかった。そのため，共同体の維持・存続よりも各個人の利益確保に重きを置く個人主義的な考え方が発達したのである。

　また，そうした状況下では，各個人の突出した能力や活躍が非常に価値のあるものとみなされ，優れた能力や実績をもっている人々は尊敬・崇拝の対象ともなった。

　第2に，1で述べたことを前提として，日本人と中国人の間にはさまざまな行動原理のちがいが生じている。ここではそうしたちがいについて論じることとする。

　日本人の行動原理を説明する上で最も重要であると思われるものは「和」の概念である。聖徳太子が十七条憲法第1条に「和を以て貴しと為す」と記していることからもわかるように，日本では古来から人と人との調和を意味する

「和」を大切にする思想が育まれてきた。

そして，そうした「和」の概念を理解するうえで重要となるのが「甘え」の概念である。土居（1971）の示した概念である「甘え」とは，幼児が母親に依存するという心性を原型とするもので，自分から語らずとも，他人が無条件でこちらの心情を察して受容し，庇護してくれることを求める心性，あるいは他人と自己を分け隔てずに一体のものと捉えることを求める心性である（大久保，2003）。

土居（1971）は，この「甘え」の概念を用いて「義理」と「人情」，「内」と「外」，「恥」といった事柄を説明している。

まず，「人情」とは「甘え」に浸る感情であり，「義理」とは「甘え」の関係を強調・強要するものであるとしている。また，「内」とは家族を中心として「甘え」が許される範囲のことであり，「外」とはそれが通用しない世界であるとしている。そして，「恥」とは「内」という帰属集団を裏切るかどうかが善悪の基準となり表れる感覚であるとしている。

次に，中国人について述べると，中国人の行動原理を説明するうえで最も重要であると思われるものは「面子」の概念である。

広辞苑（2008）によれば「面子」とは「体面，面目」という意味であり，また体面とは「世間に対する体裁」，そして「面目」とは「名誉」や「誇り」の類語であるとされている。

しかし，ここでいう場合の「面子」とは，林（1992）も指摘しているように，日本語での意味とは若干異なる部分が存在する。また曖昧な要素を含む概念であるため，明確な定義を示すことは困難であるが，さまざまな論者によってなされている説明をまとめれば，「面子」とは日本語での意味よりも個人の能力評価という意味合いが強く，社会の中での自らの地位や威信に近い意味合いのものと解釈できる。（薗田，2001；内山，1979）

「面子を保つ」「面子がつぶれる」などという言い方があるが，「面子」は，各個人の置かれている立場において，その立場としてふさわしい行動をとることによって保たれるという性質をもっている。また，その立場に相当と考えら

れる水準を上回る行動を示せば「面子」が上がり，逆に，その立場に期待されている水準を下回る行動しかできなければ「面子」が下がることになる。

そして，そうした「面子」の重要性をより正確に理解するために重要となるのが「関係」の概念である。

広辞苑（2008）によれば「関係」とは「人と人との間柄」という意味である。しかし，ここでは，この言葉も日本語での関係とは若干異なる意味で用いられる。ここでいう場合の「関係」とは，功利的・手段的な意味合いでの持ちつ持たれつの相互依存的な人間関係を表す概念である。中国人は，積極的に「関係」のネットワークを張り巡らせていくことによって自らにとって利益のある状態を作り出そうとする。（薗田，2001；船橋，1983）

そのような「関係」のネットワークの中で生活する中国人にとっては，「面子」は単なる名誉や誇りという意味だけでなく，自分の関係する集団内での力関係や立場に関わるものである。「面子」が保たれる，あるいは上がったり下がったりするということは自己の利益，あるいは損失に直結する。そのため，「面子」の維持・向上ということが，自らの利益を守るという観点からも，非常に重んじられることになる。

中国に進出した日系企業において，日本で日本人の従業員にしていたのと同じように仕事上の失敗をした中国人従業員を他の従業員も見ている場で叱ると，非常に恨まれたり猛烈に反論されたりしてしまったというトラブルをしばしば耳にするが，これはそうした「面子」に対する中国人の考え方が端的に表れた例であるといえる。日本人の上司としては失敗をした部下を叱ることで反省を促したつもりが，叱られた中国人従業員にとっては，他人の見ている前で自分の失敗を責められて面子をつぶされたと感じられるのである。学術的な研究においても，日本人と比較して，中国人は公衆の面前で自己の能力や経済力の欠如を指摘されることを嫌う傾向があることが実証されている。（末田，1993）

表5−1 日本人と中国人の特徴比較

| 比較項目 | 日本人 | 中国人 |
|---|---|---|
| 自然との関係<br>他者との関係<br>鍵概念 | 調和的<br>集団主義的<br>和<br>甘　え<br>(義理人情)<br>(内と外)<br>(恥) | 対抗的<br>個人主義的<br>面　子<br>関　係 |

## 2.4　レビューのまとめ

　以上に示したように，日本人の特徴は，自然を調和すべき対象とみなすこと，共同体の維持存続に重きを置く集団主義，そして，それらを背景とした「人と人との調和」を意味する「和」の尊重，「自分から語らずとも，他人が無条件でこちらの心情を察して受容し，庇護してくれることを求める心性，あるいは他人と自己を分け隔てずに一体のものと捉えることを求める心性」である「甘え」の思想の4点に求められる。（表5−1参照）

　そして，中国人の特徴は，自然を対抗すべき対象とみなすこと，個人の利益確保に重きを置く利己的な個人主義，そして，それらを背景とした社会の中での自らの地位や威信に近い意味をもつ「面子」の重視，功利的・手段的な意味合いでの持ちつ持たれつの相互依存的な人間関係をさす「関係」の積極的構築の4点に求められる。

## 3．A社における日中比較調査

### 3.1　調査対象と回収率

　以下においては，レビューで示したような日本と中国の「国民国家」レベルの文化の差異が組織における成員の利他的行動に及ぼす影響について考察を行うため，日系の製造業A社の日本工場（広島工場，愛知工場），および中国工場

(上海工場）において，同一の経営方式の下で同様の生産作業に従事する工員を対象として，これまでの既存研究において差があると論じられてきた日本人と中国人の間に，実際にそうした行動様式の差が見られるのかどうかについての比較を行う。

日中の国際比較調査の概要について説明すると，まず，2004年の9月から10月にかけて，日系の製造業A社の日本工場（広島工場，愛知工場），および中国工場（上海工場）において，同一の経営方式の下で同様の生産作業に従事する日本人工員と中国人工員[2]を対象としてアンケート調査を実施した。調査方法は留置法を採用した。具体的には，A社の了承のもとに筆者が各工場の生産現場を訪問して製造工程ごとに工員に質問票を配布して回答を依頼し，数時間後にそれを回収して回るという手順をとった。

その結果として，日本工場415通，中国工場240通の回答を得ることができた。質問票の回収率は日本工場約86.5%，中国工場約96.0%と非常に高い値であった。その他，詳細は表5－2に記載の通りである。

表5－2　調査対象の詳細

|  | 日本工場 | 中国工場 |
|---|---|---|
| 平均年齢 | 37.80歳 | 33.78歳 |
| 平均勤続期間 | 136.00カ月 | 50.25カ月 |
| 男　性 | 324人 (78.1%) | 99人 (41.3%) |
| 女　性 | 90人 (21.7%) | 135人 (56.3%) |
| 無回答 | 1人 (0.2%) | 6人 (2.5%) |
| 総　数 | 415人 | 240人 |

---

2) 調査対象企業である製造業A社は人間と自然を愛して独自の技術を通じてそれらに貢献するという経営理念をもつ企業である。経営手法的には，日中両工場において職場を製造工程ごとに小集団に分割し，その小集団の経営に対し自主性と責任をもたせるという同一の方式を採用している。また，どちらの工場においても木材加工製品の製作を行っているという点で同様の作業に従事すると表現している。日本工場の工員はすべて日本人，中国工場の工員はすべて中国人である。

## 3.2　使用尺度

　第4章において説明した通りの理由にもとづいて組織における成員の利他的行動の測定尺度として田中（2002）が開発した5次元33項目からなる日本版組織市民行動尺度[3]を使用した。なお，反応尺度には，田中（2002）と同様に「1＝まったく行わない」から「5＝つねに行う」までの5件法リッカート尺度を採用した。

　また，本研究は日中の国際比較研究であるので，調査の実施に先立って，日本語によって記述されている質問票を中国語へと翻訳する作業が必要であった。質問票を中国語へ翻訳するにあたっては，日本語の文章表現のニュアンスをできるかぎり忠実に翻訳するために，日本人であり日本語のネイティブスピーカーである筆者と，中国語のネイティブスピーカーであり専門用語だけではなく口語表現や方言（関西弁）も扱えるレベルで日本語も堪能である神戸大学経営学研究科で経営学を専攻している中国人留学生（調査当時）の劉建英氏，袁秋襄氏の2人の計3人体制で翻訳作業を行った。

　具体的な手順を説明すると，まず，筆者が日本語で質問票の原本を作成し，1人目の翻訳者がその質問票を日本語から中国語へと翻訳を行った。次に，2人目の翻訳者がその中国語に翻訳された質問票を再度日本語へと翻訳した。最後に，筆者を交えた3人で，元の日本語の質問票と再翻訳された日本語の質問票の各項目を見比べて表現のずれがあった箇所については話し合いを行い，元

---

[3]　組織市民行動とは，田中（2002）によれば，「命ぜられなくても従業員（職員）が自ら行う行動で，その行動によって会社（あるいは組織）の作業効率が促進されるが，従業員（職員）がそうした行動を行ったからといって，彼らの報酬や昇進に影響するわけではなく，行わなかったからといって非難されることがないもの」と定義される概念である。

　田中（2002）の研究では，日本版組織市民行動尺度の次元として，次の5次元が見出されている。①誠実さ：組織に関する最小限の役割要件を超えた従業員による任意の行動，②対人援助：職場での対人的な援助行動に関する行動，③職務上の配慮：自分が職務を遂行する際に同僚や上司，部下がいやな思いをしないように，彼らの仕事に悪影響が出ないようにする行動，④組織支援行動：従業員が組織の外でも，組織のために良かれと行う行動，⑤清潔さ：自発的に職場をきれいにしようとする行動。

の日本語の質問票の文章表現のニュアンスについて正確に理解したうえで翻訳者2名が中国語の質問票の文章表現について元の日本語で書かれた質問票の文章表現とできる限り等しいニュアンスになるように文言の修正を行うという手続きをとった。

なお，本調査で使用した日本語の質問票および中国語の質問票は巻末に付録として掲載している。

## 4．分　析

### 4.1　日本工場データの因子分析

まず，日本工場のデータを対象として，日本版組織市民行動尺度を構成する33の項目について，IBM-SPSS-Statisticsを使用して，田中（2002）と同様に，主因子法，プロマックス回転による探索的因子分析を行った。（表5－3参照）

なお，因子数の決定では，まず固有値1以上で，0.3以上の因子パターン値をもつ項目を3つ以上含み，なおかつ，最も多くの分散を説明できる因子数という基準で因子分析を行い，6因子が適切であると判断した。

以下においては，田中（2002）において見出された次元とその次元を構成する項目を参考にしながら，本調査で見出された6因子の解釈を行う。

第1因子では，「18.一度受けた仕事は最後まで責任をもって実行する。」「17.職場の人に迷惑にならないように注意して行動する。」「21.仕事で間違いに気がついたらすぐにそれを正す。」などの項目が高い因子パターン値を示した。これらの項目に共通しているのは，自分が職務を遂行する過程で，職場の上司や同僚に悪影響を及ぼしてしまわないようにと配慮するということであるので，この因子は「自分が職務を遂行する際に同僚や上司，部下がいやな思いをしないように，彼らの仕事に悪影響が出ないようにする行動」と定義される「職務上の配慮」であると解釈できる。

第2因子では，「25.仕事の場以外でも積極的に自分の会社（組織）を宣伝する。」「27.参加が義務づけられていなくても，会社（組織）が主催する行事や祭

典には参加する。」「23. 自分の会社（組織）が開催するイベントの情報を自主的に紹介する。」等の項目が高い因子パターン値を示した。いずれの項目も，従業員が日ごろの仕事を離れて特に何も義務づけられていない場面においても組織のことを考えて貢献しようとする行動を表すものであるので，この因子は「従業員が組織の外でも，組織のために良かれと行う行動」と定義される「組織支援行動」であると解釈できる。

第3因子では，「1. 多くの仕事を抱えている人の手助けをする。」「2. 休んでいる人の仕事を代わりに手伝ってあげる。」等の項目が高い因子パターン値を示した。これらの行動は，特に，職場で日常的に発生する出来事の範囲での対人的な援助行動を示すものであるので，この因子は「職場での対人的な援助行動に関するもの」と定義される「対人援助」次元の中でも日ごろの職場での定型的な業務の中で行う対人的な援助行動を表す「定型的対人援助」であると解釈できる。

第4因子に高いパターン値を示したものは「14. 仕事中に必要以上の休息をとらないようにする。」「11. 仕事中は無駄な会話で時間をつぶさないようにする。」「10. 自分の意見を職場の人たちに押しつけない。」等の項目であった。いずれの項目も，手を抜いたりでしゃばりすぎたりすることなく真面目に自分に与えられた仕事に取り組もうとする行動であり，この因子は「組織に関する最小限の役割要件を超えた従業員による任意の行動」と定義される「誠実さ」であると解釈できる。

第5因子に高いパターン値を示したものは「26. 職場では自分の身の回りをきれいに掃除する。」「31. 職場では机はいつもきれいにし，汚さないように努める。」「33. 文具品・消耗品を使いやすいように整理し，配置する。」の3項目であった。これらはいずれも職場を自発的にきれいな状態に保とうとする行動であるので，この因子は「自発的に職場をきれいにしようとする行動」と定義される「清潔さ」であると解釈できる。

最後に，第6因子では，「22. 個人的に得た有益な情報を，適切なときに職場に提供する。」「19. 他の部署を尋ねに来た訪問者の応対をする。」「8. 同僚の仕

第5章 利他的行動パターンの日中比較 99

表5－3 日本工場の因子パターン行列

| | 項　目 | I | II | III | IV | V | VI |
|---|---|---|---|---|---|---|---|
| 1 | 多くの仕事を抱えている人の手助けをする。 | .123 | .006 | **.873** | -.185 | -.082 | -.067 |
| 2 | 休んでいる人の仕事を代わりに手伝ってあげる。 | -.105 | -.005 | **.795** | .016 | .013 | -.046 |
| 3 | 自分から積極的に仕事を見つける。 | **.429** | -.037 | .418 | -.063 | -.009 | .117 |
| 4 | 自分の仕事に注意を行き届かせる。 | **.555** | -.004 | .115 | .038 | .139 | -.047 |
| 5 | 自分の周りにいる同僚や部下，上司に手を貸せるようにいつも準備している。 | -.042 | .009 | **.414** | .098 | .209 | .206 |
| 6 | 他の部署にいる人の仕事を助けてあげる。 | -.144 | .164 | **.404** | -.056 | .024 | .219 |
| 7 | 昼休みや休息時間を長くとりすぎないよう努める。 | .343 | .103 | .139 | .233 | -.003 | -.206 |
| 8 | 同僚の仕事上のトラブルを進んで手助けする。 | .079 | -.039 | .267 | .094 | -.006 | **.433** |
| 9 | 不必要に仕事の手を休めないよう心がける。 | **.469** | -.026 | .016 | .247 | .020 | .010 |
| 10 | 自分の意見を職場の人たちに押しつけない。 | -.085 | -.057 | -.057 | **.577** | -.075 | .200 |
| 11 | 仕事中は無駄な会話で時間をつぶさないようにする。 | .144 | .079 | .001 | **.656** | -.058 | -.114 |
| 12 | 上司の仕事であっても進んで手伝う。 | -.219 | .041 | .238 | .227 | .132 | **.382** |
| 13 | 仕事上のささいなことに対して，くどくど不平を言わないようにする。 | .064 | -.087 | -.069 | **.526** | .065 | .127 |
| 14 | 仕事中に必要以上の休息をとらないようにする。 | .180 | .052 | -.020 | **.704** | -.093 | -.083 |
| 15 | 仕事上のトラブルを抱えている人を，進んで手助けする。 | .046 | .043 | .355 | .110 | -.045 | **.405** |
| 16 | 会社（組織）の備品や消耗品を無駄使いしないよう努める。 | **.644** | .041 | -.043 | .064 | .024 | .016 |
| 17 | 職場の人に迷惑にならないように注意して行動する。 | **.648** | -.072 | -.062 | .066 | .100 | .046 |
| 18 | 一度受けた仕事は最後まで責任をもって実行する。 | **.728** | -.020 | -.043 | .024 | .052 | .138 |
| 19 | 他の部署を尋ねに来た訪問者の応対をする。 | .104 | .289 | -.025 | -.097 | -.150 | **.494** |
| 20 | 同僚や部下からの疑問や質問には，丁寧に答える。 | **.572** | .107 | -.087 | -.116 | .008 | .372 |
| 21 | 仕事で間違いに気がついたらすぐにそれを正す。 | **.648** | -.035 | -.058 | -.042 | .143 | .167 |
| 22 | 個人的に得た有益な情報を，適切なときに職場に提供する。 | .255 | .045 | .055 | .022 | -.179 | **.571** |
| 23 | 自分の会社（組織）が開催するイベントの情報を自主的に紹介する。 | -.017 | **.715** | .027 | -.045 | -.166 | .147 |
| 24 | 社内報や掲示物にまめに目を通して，社内の最新事情を知っておく。 | .169 | **.534** | .020 | -.092 | .054 | .053 |
| 25 | 仕事の場以外でも積極的に自分の会社（組織）を宣伝する。 | -.033 | **.778** | .025 | .004 | -.035 | -.029 |
| 26 | 職場では自分の身の回りをきれいに掃除する。 | .235 | -.008 | .036 | -.050 | **.754** | -.239 |
| 27 | 参加が義務づけられていなくても，会社（組織）が主催する行事や祭典には参加する。 | -.054 | **.705** | .010 | .089 | .066 | -.231 |
| 28 | 仕事上の役割を果たすためには，家庭も犠牲にする。 | .124 | **.494** | .019 | .026 | -.141 | .057 |
| 29 | 会社（組織）の新しい展開や内部の事情を，いち早く知るように努める。 | .045 | **.538** | -.020 | .001 | .043 | .192 |
| 30 | 優秀な人材を自分の会社（組織）に入るように勧める。 | -.276 | **.488** | .064 | .006 | .237 | .092 |
| 31 | 職場では机はいつもきれいにし，汚さないように努める。 | .143 | .041 | .003 | -.066 | **.704** | -.121 |
| 32 | 仕事の時間以外でも，顧客が会社（組織）に対して良い印象をもってもらえるよう努力する。 | .024 | **.502** | -.136 | .023 | .256 | .111 |
| 33 | 文具品・消耗品を使いやすいように整理し，配置する。 | .231 | -.033 | -.036 | -.031 | **.670** | .028 |

事上のトラブルを進んで手助けする。」等の項目が高いパターン値を示した。これらの行動は，特に，仕事上のトラブルや急な来客，有益な情報の入手といった思わぬ事態が発生した際にそれに対処しようとして行う職場での対人的な援助行動を示すものであるので，この因子は「職場での対人的な援助行動に関するもの」と定義される「対人援助」次元の中でも予測していなかった事態が発生した際に行う対人的な援助行動を表す「非定型的対人援助」を表す因子であると解釈できる。

　上記の6つの下位次元の信頼性を確認するために $\alpha$ 係数（Cronbach's $\alpha$ coefficient）を算出したところ，第1因子の「職務上の配慮」は0.869，第2因子の「組織支援行動」は0.843，第3因子の「定型的対人援助」は0.759，第4因子の「誠実さ」は0.739，第5因子の「清潔さ」は0.813，第6因子の「非定型的対人援助」は0.762という値であった。

### 4.2　中国工場の因子分析

　中国工場のデータについても，日本工場と同様に，日本版組織市民行動尺度を構成する33の項目に対して，IBM-SPSS-Statisticsを使用して，主因子法，プロマックス回転による探索的因子分析を行った。(表5-4参照)

　なお，因子数の決定についても，日本工場と同様に，まず固有値1以上で，0.3以上の因子パターン値をもつ項目を3つ以上含み，なおかつ，最も多くの分散を説明できる因子数という基準で因子分析を行い，その結果，4因子が適切であると判断した。

　以下においては，田中（2002）において見出された次元とその次元を構成する項目を参考にしながら，本調査で見出された4因子の解釈を行う。

　まず，第1因子では，「14. 仕事中に必要以上の休息をとらないようにする。」「16. 会社（組織）の備品や消耗品を無駄使いしないよう努める。」「17. 職場の人に迷惑にならないように注意して行動する。」等の項目が高い因子パターン値を示した。いずれの項目も，手を抜いたり不必要に組織に迷惑をかけたりすることなく真面目に自分に与えられた仕事に取り組もうとする行動であ

り，この因子は「組織に関する最小限の役割要件を超えた従業員による任意の行動」と定義される「誠実さ」であると解釈できる。

第2因子では，「25. 仕事の場以外でも積極的に自分の会社（組織）を宣伝する。」「28. 仕事上の役割を果たすためには，家庭も犠牲にする。」「30. 優秀な人材を自分の会社（組織）に入るように勧める。」等の項目が高い因子パターン値を示した。いずれの項目も，従業員が日ごろの仕事を離れて特に何も義務づけられていない場面においても組織のことを考えて貢献しようとする行動を表すものであるので，この因子は「従業員が組織の外でも，組織のために良かれと行う行動」と定義される「組織支援行動」であると解釈できる。

第3因子では，「18. 一度受けた仕事は最後まで責任をもって実行する。」「21. 仕事で間違いに気がついたらすぐにそれを正す。」「20. 同僚や部下からの疑問や質問には，丁寧に答える。」等の項目が高い因子パターン値を示した。これらの項目に共通しているのは，自分が職務を遂行する過程で，職場の上司や同僚に悪影響を及ぼしてしまわないようにと配慮するということであるので，この因子は「自分が職務を遂行する際に同僚や上司，部下がいやな思いをしないように，彼らの仕事に悪影響が出ないようにする行動」と定義される「職務上の配慮」であると解釈できる。

最後に，第4因子に高いパターン値を示したものは「12. 上司の仕事であっても進んで手伝う。」「5. 自分の周りにいる同僚や部下，上司に手を貸せるようにいつも準備している。」「8. 同僚の仕事上のトラブルを進んで手助けする。」等の項目であった。これらの行動は，職場において誰かを援助する行動であるので，この因子は「職場での対人的な援助行動に関するもの」と定義される「対人援助」であると解釈できる。

上記の4つの下位次元の信頼性を確認するために $\alpha$ 係数（Cronbach's $\alpha$ coefficient）を算出したところ，第1因子の「誠実さ」は0.886，第2因子の「組織支援行動」は0.766，第3因子の「職務上の配慮」は0.713，第4因子の「対人援助」は0.661という値であった。

表5－4 中国工場の因子パターン行列

| | 項　目 | I | II | III | IV |
|---|---|---|---|---|---|
| 1 | 多くの仕事を抱えている人の手助けをする。 | .019 | .173 | －.013 | **.392** |
| 2 | 休んでいる人の仕事を代わりに手伝ってあげる。 | －.065 | .055 | .006 | **.423** |
| 3 | 自分から積極的に仕事を見つける。 | －.110 | .158 | .047 | .246 |
| 4 | 自分の仕事に注意を行き届かせる。 | .085 | .069 | **.372** | .090 |
| 5 | 自分の周りにいる同僚や部下，上司に手を貸せるようにいつも準備している。 | .001 | .125 | .061 | **.489** |
| 6 | 他の部署にいる人の仕事を助けてあげる。 | .079 | .012 | －.127 | **.377** |
| 7 | 昼休みや休息時間を長くとりすぎないよう努める。 | **.457** | －.170 | －.156 | .317 |
| 8 | 同僚の仕事上のトラブルを進んで手助けする。 | .041 | －.104 | .266 | **.429** |
| 9 | 不必要に仕事の手を休めないよう心がける。 | **.616** | －.118 | .093 | .154 |
| 10 | 自分の意見を職場の人たちに押しつけない。 | **.576** | .006 | .050 | .138 |
| 11 | 仕事中は無駄な会話で時間をつぶさないようにする。 | **.688** | －.147 | －.045 | .149 |
| 12 | 上司の仕事であっても進んで手伝う。 | .021 | .093 | .060 | **.524** |
| 13 | 仕事上のささいなことに対して，くどくど不平を言わないようにする。 | **.728** | －.022 | .076 | －.139 |
| 14 | 仕事中に必要以上の休息をとらないようにする。 | **.826** | .159 | －.114 | －.010 |
| 15 | 仕事上のトラブルを抱えている人を，進んで手助けする。 | .042 | －.007 | **.482** | .246 |
| 16 | 会社（組織）の備品や消耗品を無駄使いしないよう努める。 | **.821** | .008 | .033 | －.095 |
| 17 | 職場の人に迷惑にならないように注意して行動する。 | **.779** | .172 | .052 | －.164 |
| 18 | 一度受けた仕事は最後まで責任をもって実行する。 | .051 | －.024 | **.628** | －.001 |
| 19 | 他の部署を尋ねに来た訪問者の応対をする。 | .122 | .145 | －.144 | **.323** |
| 20 | 同僚や部下からの疑問や質問には，丁寧に答える。 | －.114 | －.011 | **.528** | .213 |
| 21 | 仕事で間違いに気がついたらすぐにそれを正す。 | .134 | －.088 | **.591** | －.040 |
| 22 | 個人的に得た有益な情報を，適切なときに職場に提供する。 | －.042 | **.524** | .144 | .034 |
| 23 | 自分の会社（組織）が開催するイベントの情報を自主的に紹介する。 | .018 | **.413** | .024 | .140 |
| 24 | 社内報や掲示物にまめに目を通して，社内の最新事情を知っておく。 | .039 | .301 | **.314** | －.211 |
| 25 | 仕事の場以外でも積極的に自分の会社（組織）を宣伝する。 | .038 | **.700** | －.115 | .052 |
| 26 | 職場では自分の身の回りをきれいに掃除する。 | －.051 | .058 | **.462** | －.167 |
| 27 | 参加が義務づけられていなくても，会社（組織）が主催する行事や祭典には参加する。 | .029 | **.397** | .236 | －.124 |
| 28 | 仕事上の役割を果たすためには，家庭も犠牲にする。 | .056 | **.544** | －.085 | .070 |
| 29 | 会社（組織）の新しい展開や内部の事情を，いち早く知るように努める。 | .079 | **.444** | .150 | .049 |
| 30 | 優秀な人材を自分の会社（組織）に入るように勧める。 | －.105 | **.543** | －.095 | .129 |
| 31 | 職場では机はいつもきれいにし，汚さないように努める。 | －.234 | .050 | **.312** | .053 |
| 32 | 仕事の時間以外でも，顧客が会社（組織）に対して良い印象をもってもらえるよう努力する。 | －.071 | **.423** | －.048 | .221 |
| 33 | 文具品・消耗品を使いやすいように整理し，配置する。 | －.021 | .292 | .084 | .054 |

## 5. 日中間の因子分析結果の比較と考察

### 5.1 主要な発見事実

　今回の因子分析の結果で最も注目すべき差異は，ともに日本で実施された調査である田中（2002）と今回の日本工場の2つの調査においては，調査対象者の平均年齢や平均勤続期間，職種，職位などの特徴に差異があるにも関わらず，常に「自発的に職場をきれいにしようとする行動」と定義される「清潔さ」の次元が見出されてきた[4]のに対して，中国工場のデータでは，そのような「清潔さ」次元を構成していた項目が，それぞれ「従業員が組織の外でも，組織のために良かれと行う行動」と定義される「組織支援行動」や「自分が職務を遂行する際に同僚や上司，部下がいやな思いをしないように，彼らの仕事に悪影響が出ないようにする行動」と定義される「職務上の配慮」に高い因子パターン値を示し，「清潔さ」が独立した次元として見出されることはなかったということである。

　調査を行う国や対象者，調査の実施主体などが変わっても，それに左右されることなく絶えず見出される次元のことを「ロバスト（頑強）な次元」（金井・高橋，2004, p.188）というが，他の次元が比較的ロバストであるのに比べて，清潔さはそれほどロバストではない次元であるということが明らかになった。

### 5.2 因子分析結果の考察

　以上に，日本版組織市民行動33項目の因子分析の結果と，そこにおいて見出された日本工場と中国工場の主要な差異を示した。この因子分析で特徴的であったのは，日本工場のデータは田中（2002）で見出されてきた5次元の因子

---

[4] 日本人の若年労働者（非正社員を含む）を対象として実施した奥井（2010）の調査結果においても，調査対象が①平均年齢が低い，②平均勤続期間が短い，③職位が低い，④非正社員の割合が多い等の特徴を有していたにも関わらず「清潔さ」を含めた田中（2002）と同様の5次元が見出されている。

構造と基本的に共通した構造をとっており，その5次元を基本として，因子分析の方法によって，対人援助がより細かく2つに区別される場合と1つの因子として見出される場合に分かれることがあったのに過ぎなかったのに対して，中国工場のデータでは，どのような分析方法を用いるかに関わらず，5次元の因子構造になることはなかったということである。そして，その原因は「自発的に職場をきれいにしようとする行動」と定義される「清潔さ」の次元が独立の次元として見出されなかったためである。

　それでは，そのような結果はどういう意味をもっているのであろうか。1つの可能性としては，両国の文化的な背景のちがいを考慮すると，日本人工員と中国人工員の自分の置かれた環境に対する認識のちがいが表れたのではないかと解釈することができる。

　「2. 日本人論・中国人論についてのレビュー」において日本文化の特徴として人間と自然との調和を重んじるという発想が存在することを述べたが，この考え方は，山や川，海，草や樹木といった本来の意味での自然に対してだけではなく，広い意味では，自分が置かれている環境全般に対しても適用され得るものである。

　そのことから，日本人工員は，「清潔さ」に含まれるような職場を清潔に保つという行動を，自分の置かれた環境との調和を重んじるという意味で，躾にも関わる，極めて内面的で規範的な意味合いをもつ行動として捉えているのではないかとの推測が成り立つ。反対に，そうした調和という発想をもたず，環境は人間の力で対抗しコントロールするものと考える中国では，「清潔さ」に含まれるような行動を，職場の仲間に迷惑をかけないようにしたり，組織のために貢献したりといった仲間や組織等の具体的な対象に対する貢献行動と捉えているのではないかと推察できる。

## 6. 日中間の得点の比較と考察

### 6.1 得点の比較分析

前節においては因子構造のちがいというレベルでの比較を行ったが、本節では、「1 = まったく行わない」から「5 = つねに行う」までの5件法リッカート尺度で測定された日本版組織市民行動尺度33項目の平均得点の比較を行う。そうすることによって、日本人工員と中国人工員は、それぞれ、どのような種類の行動をどの程度行っているのか、そして、その行動パターンにちがいはあるのかといったことを明らかにする。

表5-5 総合平均得点の比較（5点満点）

|  | 平均得点 | 標準偏差 |
|---|---|---|
| 日本工場 | 3.41 | 0.49 |
| 中国工場 | 3.34 | 0.49 |

＊p<0.05　＊＊p<0.01
1 =「まったく行わない」から5 =「つねに行う」
までの5件法リッカート尺度で測定。

表5-5は日本工場と中国工場における日本版組織市民行動尺度33項目の総合平均得点の比較である。5点満点中で日本工場が3.41点、中国工場が3.34点と、見た目上は日本の得点がやや高めではあるが、この差は統計学的には5％水準以上の有意な差ではなく、ほぼ同水準の得点であるということがわかった。

次に、それぞれの項目レベルでの平均得点を見てみることにする。表5-6は日本工場と中国工場の項目ごとの平均得点を比較したものである。まず、日本版組織市民行動尺度33項目の総合平均得点では日本工場とほぼ同水準の得点を示していた中国工場であったが、項目単位で平均得点を見ていくと、日本工場より高得点をマークしている項目がかなり多く見受けられた。詳しく述べ

### 表5－6 項目ごとの平均得点の日中比較（t 検定，両側）

| | 項　目 | 日本 | 中国 | t 値 |
|---|---|---|---|---|
| 1 | 多くの仕事を抱えている人の手助けをする。 | 3.55 | 3.78 ** | - 2.72 |
| 2 | 休んでいる人の仕事を代わりに手伝ってあげる。 | 3.48 ** | 2.72 | 7.24 |
| 3 | 自分から積極的に仕事を見つける。 | 3.67 | 3.93 ** | - 3.40 |
| 4 | 自分の仕事に注意を行き届かせる。 | 4.07 | 4.23 * | - 2.46 |
| 5 | 自分の周りにいる同僚や部下，上司に手を貸せるようにいつも準備している。 | 3.44 | 3.85 ** | - 5.61 |
| 6 | 他の部署にいる人の仕事を助けてあげる。 | 2.82 | 3.38 ** | - 5.79 |
| 7 | 昼休みや休息時間を長くとりすぎないよう努める。 | 3.92 ** | 2.29 | 15.92 |
| 8 | 同僚の仕事上のトラブルを進んで手助けする。 | 3.42 | 3.94 ** | - 7.16 |
| 9 | 不必要に仕事の手を休めないよう心がける。 | 3.97 ** | 2.47 | 14.81 |
| 10 | 自分の意見を職場の人たちに押しつけない。 | 3.22 ** | 2.14 | 11.23 |
| 11 | 仕事中は無駄な会話で時間をつぶさないようにする。 | 3.74 ** | 1.80 | 20.80 |
| 12 | 上司の仕事であっても進んで手伝う。 | 3.11 | 3.23 | - 1.23 |
| 13 | 仕事上のささいなことに対して，くどくど不平を言わないようにする。 | 3.38 ** | 2.23 | 12.18 |
| 14 | 仕事中に必要以上の休息をとらないようにする。 | 3.80 ** | 2.07 | 16.24 |
| 15 | 仕事上のトラブルを抱えている人を，進んで手助けする。 | 3.34 | 3.89 ** | - 7.97 |
| 16 | 会社（組織）の備品や消耗品を無駄使いしないよう努める。 | 3.92 ** | 2.56 | 12.30 |
| 17 | 職場の人に迷惑にならないように注意して行動する。 | 4.08 ** | 2.34 | 16.52 |
| 18 | 一度受けた仕事は最後まで責任をもって実行する。 | 4.09 | 4.25 * | - 2.48 |
| 19 | 他の部署を尋ねに来た訪問者の応対をする。 | 3.13 * | 2.91 | 2.15 |
| 20 | 同僚や部下からの疑問や質問には，丁寧に答える。 | 3.68 | 4.12 ** | - 6.18 |
| 21 | 仕事で間違いに気がついたらすぐにそれを正す。 | 4.18 | 4.26 | - 1.25 |
| 22 | 個人的に得た有益な情報を，適切なときに職場に提供する。 | 3.47 | 3.39 | 0.87 |
| 23 | 自分の会社（組織）が開催するイベントの情報を自主的に紹介する。 | 2.62 | 2.82 * | - 2.20 |
| 24 | 社内報や掲示物にまめに目を通して，社内の最新事情を知っておく。 | 3.53 | 3.62 | - 1.06 |
| 25 | 仕事の場以外でも積極的に自分の会社（組織）を宣伝する。 | 2.59 | 3.41 ** | - 8.93 |
| 26 | 職場では自分の身の回りをきれいに掃除する。 | 3.67 | 4.70 ** | - 16.61 |
| 27 | 参加が義務づけられていなくても，会社（組織）が主催する行事や祭典には参加する。 | 2.78 | 3.78 ** | - 12.23 |
| 28 | 仕事上の役割を果たすためには，家庭も犠牲にする。 | 2.56 | 3.01 ** | - 5.02 |
| 29 | 会社（組織）の新しい展開や内部の事情を，いち早く知るように努める。 | 2.98 | 3.24 ** | - 2.96 |
| 30 | 優秀な人材を自分の会社（組織）に入るように勧める。 | 2.35 | 2.80 ** | - 4.71 |
| 31 | 職場では机はいつもきれいにし，汚さないように努める。 | 3.37 | 4.44 ** | - 15.56 |
| 32 | 仕事の時間以外でも，顧客が会社（組織）に対して良い印象をもってもらえるよう努力する。 | 3.21 | 3.97 ** | - 10.46 |
| 33 | 文具品・消耗品を使いやすいように整理し，配置する。 | 3.60 | 4.11 ** | - 6.92 |
| | 33項目の平均値 | 3.41 | 3.34 | - |

\*p<0.05　　\*\*p<0.01　　1＝「まったく行わない」から5＝「つねに行う」までの5件法リッカート尺度で測定。

ると，実に33項目中19項目において，日本工場より5％以上の水準で有意に高得点を示しているという結果が得られた。一方で，日本が5％以上の水準で有意に高得点であったのは10項目にとどまっている。

このことは，裏を返せば，中国工場は日本工場より多くの項目で高得点をマークしているにも関わらず一部の項目の得点が非常に低水準であったため，すべての項目を合計して総合平均得点を算出した時には日本工場とほぼ同水準の得点となっていたということである。つまり，中国工場は日本工場と比較して，よく行う行動とあまり行わない行動の差がはっきりしているといえる。

この事実のもつ意味をさらに考察するために，中国工場の平均得点が非常に低く日本工場が有意に高得点であった項目の内容と得点を検討することとする。(表5-6参照)

日本工場が5％以上の水準で有意に高得点であった質問項目の内容を検討すると，そこには，ある顕著な傾向が見出された。それは，日本工場が有意に高得点を示した10項目の中に，中国工場のデータの因子分析において「組織に関する最小限の役割要件を超えた従業員による任意の行動」と定義される「誠実さ」因子であると解釈された8項目がすべて含まれているということである。(表5-6網掛け部分参照) また，得点の面でも，「誠実さ」因子を構成する8項目は，中国工場においては他の2項目よりも非常に低い水準の得点を示しており，日本工場との得点の開きが大きくなっている。

## 6.2 得点の比較分析結果の考察

以上に，同一企業の中で，同じ経営方式の下，同様の製造作業に従事しているにも関わらず，日本工場と中国工場の間には項目のレベルにおいて得点の顕著な差異が認められることを示した。特に，中国工場では，同工場の因子分析結果において「誠実さ」に分類された行動の得点が顕著に低かったということは非常に興味深いものである。

こうした特徴的な差異が表れたことについて考察してみると，たまたま偶然そうなったという訳ではなく，中国工場の側に何らかの理由があり，これらの

項目の得点が系統だって低くなっているのではないかとの推測が成り立つ。

では,「誠実さ」の項目の得点が低いということはいかなることを意味しているのであろうか。それは,「2. 日本人論・中国人論についてのレビュー」で示したような日本人論や中国人論において述べられてきた日中両国の思考方法や行動様式の差異, すなわち文化の差異が表れているものと考えれば, 一定の妥当性のある説明を行うことが可能である。

「2. 日本人論・中国人論についてのレビュー」で示したように, 日本人の特徴は, 自然を調和すべき対象とみなすこと, 共同体の維持存続に重きを置く集団主義, そして, それらを背景とした「人と人との調和」を意味する「和」の尊重と「自分から語らずとも, 他人が無条件でこちらの心情を察して受容し, 庇護してくれることを求める心性, あるいは他人と自己を分け隔てずに一体のものと捉えることを求める心性」である「甘え」の思想の4点に求められる。（表5－7参照）

そして, 中国人の特徴は, 自然を人間の力で対抗すべき対象とみなすこと, 個人の利益確保に重きを置く利己的な個人主義, そして, それらを背景とした, 社会の中での自らの地位や威信に近い意味をもつ「面子」の重視, 功利的・手段的な意味合いでの持ちつ持たれつの相互依存的な人間関係をさす「関係」の積極的構築の4点に求められる。

表5－7　日本人と中国人の特徴比較

| 比較項目 | 日本人 | 中国人 |
|---|---|---|
| 自然との関係 | 調和的 | 対抗的 |
| 他者との関係 | 集団主義的 | 個人主義的 |
| 鍵概念 | 和<br>甘　え<br>（義理人情）<br>（内と外）<br>（恥） | 面　子<br>関　係 |

表5−8 「誠実さ」8項目の平均得点の比較（t検定，両側）

| 項目 | 日（全） | 中（全） | t値 |
| --- | --- | --- | --- |
| 7 昼休みや休息時間を長くとりすぎないよう努める。 | 3.92 ** | 2.29 | 15.92 |
| 9 不必要に仕事の手を休めないよう心がける。 | 3.97 ** | 2.47 | 14.81 |
| 10 自分の意見を職場の人たちに押しつけない。 | 3.22 ** | 2.14 | 11.23 |
| 11 仕事中は無駄な会話で時間をつぶさないようにする。 | 3.74 ** | 1.80 | 20.80 |
| 13 仕事上のささいなことに対して，くどくど不平を言わないようにする。 | 3.38 ** | 2.23 | 12.18 |
| 14 仕事中に必要以上の休息をとらないようにする。 | 3.80 ** | 2.07 | 16.24 |
| 16 会社（組織）の備品や消耗品を無駄使いしないよう努める。 | 3.92 ** | 2.56 | 12.30 |
| 17 職場の人に迷惑にならないように注意して行動する。 | 4.08 ** | 2.34 | 16.52 |
| — 平均値 | 3.75 ** | 2.25 | 19.36 |

＊p<0.05　＊＊p<0.01　1＝「まったく行わない」から5＝「つねに行う」までの5件法リッカート尺度で測定。

　これを今回の測定結果に当てはめて考えてみることにする。（表5−8参照）
　まず，「誠実さ」とは「組織に関する最小限の役割要件を超えた従業員による任意の行動」と定義される次元である。「誠実さ」次元に含まれる行動には，「7. 昼休みや休息時間を長くとりすぎないよう努める。」「9. 不必要に仕事の手を休めないよう心がける。」「11. 仕事中は無駄な会話で時間をつぶさないようにする。」「14. 仕事中に必要以上の休息をとらないようにする。」等の，手を抜かずに仕事をするというタイプの行動と，「10. 自分の意見を職場の人たちに押しつけない。」「13. 仕事上のささいなことに対して，くどくど不平を言わないようにする。」「16. 会社（組織）の備品や消耗品を無駄使いしないよう努める。」「17. 職場の人に迷惑にならないように注意して行動する。」等の，自分の所属する組織やそこでの同僚に不必要な迷惑をかけないようにするというタイプの行動がある。
　こうした行動に共通する特徴としては，第1に，アピール性に欠ける比較的目立たず地味な行動であるという点があげられる。
　手を抜かずに仕事をするという類の行動についてみると，その対象になっているのは，無断欠勤をしたり職務放棄をしたりなど明らかに仕事上の義務を果たしていないとみなされて処分の対象となる可能性があるほどに手を抜くとい

うような行動ではなく，周りの様子を窺いながら手を抜ける時に目立たないように手を抜くというレベルの行動である。

　自分の所属する組織やそこでの同僚に不必要に迷惑をかけないようにするというタイプの行動についても，これらは，訴訟を起こしたり，組織や職場の同僚に大損害を与えるほど迷惑をかけたりするといったわけではなく，基本的には些細なことではあるが，そのような小さなことにも気をつけて不必要に迷惑をかけてしまうことのないように未然に防ぐ努力をするというレベルの行動である。

　そのため，いずれの場合も，そうした行動をとっていてもいなくても日常の仕事を通常通りに行っているという範囲を逸脱することはなく，他者から見れば，行動主体がそうした行動をとっているのか否か自体がわかりにくいし，あまり気に留めることもないことであるということができる。

　「誠実さ」次元に含まれる行動に共通する第2の特徴としては，貢献する対象が明確ではないことがあげられる。

　手を抜かずに仕事をするというタイプの行動についてみると，手を抜かなかったとしても，それは自分の仕事を通常通りにこなしているということに過ぎない。困っている人を助けてあげるというような行動とはちがって，特定の対象に対して貸しをつくれるわけではない。逆に，手を抜いたとしても，様子を窺いながら手を抜ける時に目立たないように手を抜くというレベルの行動であるので，誰かからはっきりと恨まれたり非難されたりするほどのことではない。

　自分の所属する組織やそこでの同僚に不必要に迷惑をかけないようにするというタイプの行動についても同様である。迷惑をかけなかったとしても，それは何事も起こらず平常通りであったということに過ぎず，誰かに貸しをつくれるわけではない。逆に迷惑をかけたとしても，組織や職場の同僚に大損害を与えるほど迷惑をかけたりするといったわけではなく些細なことであるので，誰かからはっきりと恨まれたり非難されたりするほどのことではない。

　このような「誠実さ」次元に含まれる行動の性質と中国人の特徴を合わせて

考えると，アピール性に欠ける地味な行動であり貢献する対象も明確ではない「誠実さ」次元に含まれる行動は中国人がいうところの「面子」に関わるようなものではないといえる。

　中国工場の因子分析の結果によれば，「誠実さ」以外には「組織支援行動」，「職務上の配慮」，「対人援助」の3次元が見出されている。それら3次元に含まれる行動についてもこうしたアピール性と貢献対象の明確性という観点から見てみると，次のようになる。

　「従業員が組織の外でも，組織のために良かれと行う行動」と定義される「組織支援行動」には，「25. 仕事の場以外でも積極的に自分の会社（組織）を宣伝する。」「28. 仕事上の役割を果たすためには，家庭も犠牲にする。」「30. 優秀な人材を自分の会社（組織）に入るように勧める。」などの行動が含まれている。アピール性という観点からみれば，この次元に含まれる行動は，通常通りに仕事をこなしているというだけではなく，その範囲を超えて積極的に組織に貢献する，あるいは貢献しようという姿勢を示すことができるのでアピール性が高く目立つ行動であるといえる。貢献対象の明確性という観点からみれば，貢献対象は自らの所属する組織であるため明確性は高いといえる。

　「自分が職務を遂行する際に同僚や上司，部下がいやな思いをしないように，彼らの仕事に悪影響が出ないようにする行動」と定義される「職務上の配慮」には「18. 一度受けた仕事は最後まで責任をもって実行する。」「20. 同僚や部下からの疑問や質問には，丁寧に答える。」「21. 仕事で間違いに気がついたらすぐにそれを正す。」などの行動が含まれている。アピール性という観点からみれば，自分の仕事のやり方によって職場の仲間にいやな思いをさせたり悪影響を及ぼしたりしたとしたら悪い意味で目立ってしまい，自らの人格や能力を疑われてしまうことにもつながる可能性があるので，そうしたマイナスのアピールをしてしまうことを避けるという意味でのアピール性は高いといえる。貢献対象の明確性という観点でみれば，同僚や上司，部下などの職場の仲間ということで明確である。

　「職場での対人的な援助行動に関するもの」と定義される「対人援助」に

表5-9　各次元のアピール性と貢献対象の明確性

|  | アピール性 | 貢献対象の明確性 |
|---|---|---|
| 誠実さ | 低 | 低 |
| 組織支援行動 | 高 | 高 |
| 職務上の配慮 | （マイナス面が）高 | 高 |
| 対人援助 | 高 | 高 |

は、「12.上司の仕事であっても進んで手伝う。」「5.自分の周りにいる同僚や部下，上司に手を貸せるようにいつも準備している。」「8.同僚の仕事上のトラブルを進んで手助けする。」などの行動が含まれている。アピール性という観点からみれば，相手が手助けしてもらったとはっきり認識するのでアピール性は高いといえる。貢献対象の明確性という観点でみれば，職場内の特定の人を援助する行動であるので貢献対象の明確性は高い。

　そのように考えれば，中国人工員は，自らの「面子」の維持・向上にとって有益かどうかという観点から，「対人援助」や「組織支援行動」など，派手で，自分から積極的に他者に貢献していくタイプの行動や，「職務上の配慮」など，自分が職務を遂行する際に同僚や上司，部下にいやな思いをさせたり悪影響を及ぼしたりして自らの人格や能力を疑われたりしないようにするタイプの行動を多く行い，「誠実さ」のような貢献対象が明確ではなく，目立たないタイプの行動はあまり行わないといった行動パターンとなったということで納得できる。（表5-9参照）

## 7．結論とインプリケーション

　以上の分析と考察から，それぞれの利他的行動のもつアピール性と貢献対象の明確性という観点から見てみると，中国人工員は，自らの「面子」の維持・向上にとって有益かどうかという観点から，「対人援助」や「組織支援行動」など，派手で，自分から積極的に他者に貢献していくタイプの行動や，「職務

上の配慮」など，自分が職務を遂行する際に同僚や上司，部下にいやな思いをさせたり悪影響を及ぼしたりして自らの人格や能力を疑われたりしないようにするタイプの行動を多く行い，「誠実さ」のような貢献対象が明確ではなく，目立たないタイプの行動はあまり行わないといった行動パターンとなったと考えられることを示した。

そして，そのように考えれば，少なくとも今回の調査で得られたデータの範囲内においては，日本人と中国人の間には，これまでの日本人論・中国人論で論じられてきたような行動特性の差異が存在していたといえ「国民国家」レベルの文化は個人の利他的行動のパターンを規定する有力な要因となっているということができる。

次に，そうした結論にもとづいて，現実の組織の経営に対してどのようなインプリケーションを示すことができるかについて考えてみることにする。

第1に，「国民国家」レベルの文化によって組織の成員の利他的行動パターンが異なるということは，同じやり方で組織を経営したとしても，異なる文化に属する組織の間では結果にちがいが生じてくる可能性があるということである。

組織は人の集まりであるので，精緻に組織構造を設計し，機械・設備などの運用システムを整えたとしても，実際にそれを運用するのは人間である。そのため，組織経営には，常に人間的要素が絡んでくることになる。いわゆるヒューマンウェア（humanware）と呼ばれるものが絡んでくるのである。「国民国家」レベルの文化の差異からくる組織の成員の利他的行動パターンのちがいは，こうしたヒューマンウェアの部分に関わるものである。

「国民国家」レベルの文化が異なる地域で経営を行う場合には，そうした文化の差異によってもたらされる利他的行動パターンの差異が自らの組織の採用している経営手法にどのような影響を及ぼすかを考慮に入れるべきであるといえる。特に，ヒューマンウェアの部分に組織の強みがあるといわれることが多い日本企業の場合はなおさらである。

日本国内で良好な成果を上げている実績のある経営手法であったとしても，

その経営手法は日本人のもつ利他的行動パターンを暗黙の前提として設計されているものであり，その前提があるからこそ効果を発揮しているものかもしれない。そのため，そうした前提が大きく異なる地域に進出する際には，その行動特性の差異に留意して，自国で採用していた経営手法をそのままもち込むのではなく，適宜アレンジを加えるべき場合があると認識する必要がある。逆に，自社の採用している経営手法に合っているか否かという観点から進出先を選定するというアプローチも有効であろう。

第2に，進出先の選定やそれに伴う経営手法のアレンジについて考える際には，利他的行動のパターンの中でも，少し管理の仕方や教育・研修等を工夫するだけで変えることが可能なものからほぼ変えることが不可能なものまでさまざまなレベルのものがあることを認識することが重要である。たとえば，今回示したような「国民国家」レベルの文化の差異からくる行動パターンのちがいは世界観や概念，言語といった非常に根源的な部分の差異から生じてくるものであるので，変えることが非常に難しいものに分類されるだろう。しかし，同じ文化の差異から生じる行動パターンのちがいでも，そのようなちがいが「国民国家」レベルよりはるかに下位のサブカルチャーのレベルから生じているものであれば変化させることは比較的容易であろう。そうした差異の内容によって，経営手法にアレンジを加えるべき場合もあるであろうし経営手法にアレンジを加えるよりも相手を自社の経営手法に適合するように変えるべき場合もあるであろう。

第3に，日本企業が中国に進出する場合のことについて考えてみると，日中間には「国民国家」レベルの文化という非常に根源的な部分に根差している大きな利他的行動パターンの差異が存在しているので経営手法のアレンジを行う必要性が高いといえるだろう。

レビューで示した「和」という概念に象徴されるように，日本には，組織や職場内の他者を気遣うべきといった考え方が根強く存在している。そのため，企業側が特に仕組みを整えなくても，それぞれの成員が周囲の状況に気を配って自発的に利他的行動を行ってくれると期待することができる。組織とその成

員の間，あるいは成員間の関係が「和」を保つべき対象であるとみなされないほど稀薄であったり敵対的な関係であったりでもしない限り，何らかの利他的行動を必要とする状況が生じた際には，周囲の人々がそれを見て見ぬふりをして放置しておくといった事態に陥ることは起こりにくいであろう。

　それに対して，中国人は，自らの「面子」にとってどのような利益をもたらすかという観点で利他的行動をとるか否かを判断する傾向が強い。これは「和」を保つという発想とまったく別の行動原理である。この行動原理の下では，職場において利他的行動を必要とする何らかの状況が生じたとしても，その種類の利他的行動をとるということが自らの「面子」の維持・向上に関わるものではなかったとしたら周囲の人々がそれを見て見ぬふりをして放置しておくといった事態も起こり得るのである。

　そのため，企業側には，そうした行動特性を踏まえて，成員から組織にとって有益な利他的行動を引き出せるように，業務の進め方や評価方法に関する制度を中心に経営手法にアレンジを加える必要が発生することになる。

　具体的には，できるだけ成員と組織間，そして，成員間で組織にとって有益な社会的交換[5]の関係を成立させるように「報酬の誘意性」や「関係の時間的な持続性」「相互の信頼」等といった社会的交換が成立するために必要な条件を整備することが重要である。また，仕事を進めるにあたって，成員の面子に関わるような情報は慎重に扱うように仕組みを整える必要がある。成員が面子を維持・向上できるような情報については広く組織内に周知するような工夫をすべきであろうし，逆に，面子を下げてしまうような情報については，その情報は必要最低限の範囲において管理し，必要以上に広範囲に漏れることがないような工夫をすべきである。

---

[5] Blau（1964）によれば，社会的交換とは，行動主体が受け手に対して価値のあるサービスを提供し，それに対して，受け手が自発的に義務感をもち，行動主体に対してその返礼を行うというプロセスを基本原理とするものであると要約できる。

# 第6章
# さらなる比較分析

## 1．これまでの発見事実の要約

　第5章で得られた発見事実をまとめると，第1に，日本版組織市民行動尺度33項目の総合平均得点の比較では日本工場と中国工場の得点はほぼ同水準であり有意な差は見られなかった。第2に，個別の項目ごとに平均得点の比較を行うと，日本工場と比較して中国工場は，よく行う行動とあまり行わない行動の得点の差が大きかった。第3に，中国工場が5％以上の水準で有意に低得点であった質問項目10項目の中に，中国工場のデータの因子分析において「組織に関する最小限の役割要件を超えた従業員による任意の行動」と定義される「誠実さ」因子であると解釈された8項目がすべて含まれていた。(表6 - 1　網掛け部分参照) この3つがこれまで見出されている主要な発見事実である。
　そして，その発見事実について「国民国家」レベルの文化という視点から解釈を行い，それぞれの利他的行動のもつアピール性と貢献対象の明確性という観点から見てみると，中国人工員は，自らの「面子」の維持・向上にとって有益かどうかという観点から，「対人援助」や「組織支援行動」など，派手で，自分から積極的に他者に貢献していくタイプの行動や，「職務上の配慮」など，自分が職務を遂行する際に同僚や上司，部下にいやな思いをさせたり悪影響を及ぼしたりして自らの人格や能力を疑われたりしないようにするタイプの行動を多く行い，「誠実さ」のような貢献対象が明確ではなく，目立たないタイプの行動はあまり行わないといった行動パターンとなったと考えられると結

論づけた。

　以上がこれまでの研究で得られた主要な発見事実と結論の概要である。

　本章では，そのような知見を踏まえつつ，A社における日中比較調査のデータの分析をさらに掘り下げていくこととする。

## 2．得点の比較分析の掘り下げ

　本節においては前章で行った日本版組織市民行動尺度の項目レベルでの比較調査結果をさらに掘り下げ，男女別に分けてそれぞれの平均得点を比較してみることにする[1]。

　男女別の平均得点は表6－1の日（男）・中（男）および日（女）・中（女）の欄に示す通りである。各項目の得点を比較すると，男女別にデータを分けても，中国工場の方が優位に高得点である項目が多いが「誠実さ」因子に含まれる8項目の得点が非常に低い水準であり，それらの8項目は有意に日本工場の得点の方が高くなっているというパターンが見出された。その点では男女を分けずに比較を行った前章の結果と同じであった。しかし，女性同士で比較した場合は33項目の総平均得点において日本工場の得点が有意に高くなっていた。これは男女を分けずに全体で比較を行った場合の総平均得点に有意な差は見られないという結果とは異なるものであった。

　そして，「誠実さ」因子に含まれる8項目の総平均得点を比較すると，中国工場のデータにおいては，男性工員が5点満点中2.47点であるのに対し，女性工員は2.11点と，女性工員の方がかなり低得点となっていた。逆に，日本工場のデータにおいては，男性工員は3.71点であるのに対し，女性工員は

---

[1] 以下の分析においては，日中の得点差異が最も顕著に表れた点であり，かつ，理論的にも，他者に恩を売るなど，一見は利他的な行動に見えても実は見返りを期待しているといったタイプの行動ではなく，真の意味での利他的行動に近く各人の利他に対する姿勢がストレートに表れると考えられる「誠実さ」に着目した分析を行う。日本版組織市民行動尺度の各次元と利他的行動の関係の詳細については第4章を参照されたし。

表6-1 項目ごとの平均得点の比較（男女別，t検定，両側）

| | 項　目 | 日(全) | 中(全) | 日(男) | 中(男) | 日(女) | 中(女) |
|---|---|---|---|---|---|---|---|
| 1 | 多くの仕事を抱えている人の手助けをする。 | 3.55 | 3.78** | 3.59 | 3.80 | 3.38 | 3.76** |
| 2 | 休んでいる人の仕事を代わりに手伝ってあげる。 | 3.48** | 2.72 | 3.54** | 2.85 | 3.23** | 2.66 |
| 3 | 自分から積極的に仕事を見つける。 | 3.67 | 3.93** | 3.64 | 4.05** | 3.76 | 3.87 |
| 4 | 自分の仕事に注意を行き届かせる。 | 4.07 | 4.23* | 4.00 | 4.31** | 4.32 | 4.17 |
| 5 | 自分の周りにいる同僚や部下，上司に手を貸せるようにいつも準備している。 | 3.44 | 3.85** | 3.45 | 3.98** | 3.44 | 3.77** |
| 6 | 他の部署にいる人の仕事を助けてあげる。 | 2.82 | 3.38** | 2.86 | 3.35** | 2.65 | 3.39** |
| 7 | 昼休みや休息時間を長くとりすぎないよう努める。 | 3.92** | 2.29 | 3.86** | 2.61 | 4.13** | 2.05 |
| 8 | 同僚の仕事上のトラブルを進んで手助けする。 | 3.42 | 3.94** | 3.48 | 3.99** | 3.22 | 3.91** |
| 9 | 不必要に仕事の手を休めないよう心がける。 | 3.97** | 2.47 | 3.92** | 2.86 | 4.14** | 2.20 |
| 10 | 自分の意見を職場の人たちに押しつけない。 | 3.22** | 2.14 | 3.18** | 2.22 | 3.37** | 2.10 |
| 11 | 仕事中は無駄な会話で時間をつぶさないようにする。 | 3.74** | 1.80 | 3.72** | 2.00 | 3.80** | 1.65 |
| 12 | 上司の仕事であっても進んで手伝う。 | 3.11 | 3.23 | 3.15 | 3.49** | 3.00 | 3.05 |
| 13 | 仕事上のささいなことに対して，くどくど不平を言わないようにする。 | 3.38** | 2.23 | 3.39** | 2.36 | 3.37** | 2.15 |
| 14 | 仕事中に必要以上の休息をとらないようにする。 | 3.80** | 2.07 | 3.80** | 2.27 | 3.77** | 1.95 |
| 15 | 仕事上のトラブルを抱えている人を，進んで手助けする。 | 3.34 | 3.89** | 3.39 | 3.89** | 3.15 | 3.88** |
| 16 | 会社（組織）の備品や消耗品を無駄使いしないよう努める。 | 3.92** | 2.56 | 3.84** | 2.62 | 4.20** | 2.55 |
| 17 | 職場の人に迷惑にならないように注意して行動する。 | 4.08** | 2.34 | 4.02** | 2.45 | 4.30** | 2.30 |
| 18 | 一度受けた仕事は最後まで責任をもって実行する。 | 4.09 | 4.25** | 4.01 | 4.19 | 4.37 | 4.28 |
| 19 | 他の部署を尋ねに来た訪問者の応対をする。 | 3.13* | 2.91 | 3.20** | 2.87 | 2.87 | 2.98 |
| 20 | 同僚や部下からの疑問や質問には，丁寧に答える。 | 3.68 | 4.12** | 3.63 | 4.02** | 3.84 | 4.19** |
| 21 | 仕事で間違いに気がついたらすぐにそれを正す。 | 4.18 | 4.26 | 4.12 | 4.29 | 4.40** | 4.22 |
| 22 | 個人的に得た有益な情報を，適切なときに職場に提供する。 | 3.47 | 3.39 | 3.53 | 3.33 | 3.26 | 3.52 |
| 23 | 自分の会社（組織）が開催するイベントの情報を自主的に紹介する。 | 2.62 | 2.82* | 2.67 | 2.88 | 2.43 | 2.79** |
| 24 | 社内報や掲示物にまめに目を通して，社内の最新事情を知っておく。 | 3.53 | 3.62 | 3.51 | 3.67 | 3.57 | 3.63 |
| 25 | 仕事の場以外でも積極的に自分の会社（組織）を宣伝する。 | 2.59 | 3.41** | 2.59 | 3.38** | 2.58 | 3.48** |
| 26 | 職場では自分の身の回りをきれいに掃除する。 | 3.67 | 4.70** | 3.59 | 4.68** | 3.94 | 4.72** |
| 27 | 参加が義務づけられていなくても，会社（組織）が主催する行事や祭典には参加する。 | 2.78 | 3.78** | 2.70 | 3.85** | 3.07 | 3.76** |
| 28 | 仕事上の役割を果たすためには，家庭も犠牲にする。 | 2.56 | 3.01** | 2.51 | 3.04** | 2.74 | 3.04 |
| 29 | 会社（組織）の新しい展開や内部の事情を，いち早く知るように努める。 | 2.98 | 3.24** | 3.03 | 3.35** | 2.76 | 3.21** |
| 30 | 優秀な人材を自分の会社（組織）に入るように勧める。 | 2.35 | 2.80** | 2.38 | 2.77** | 2.22 | 2.86** |
| 31 | 職場では机はいつもきれいにし，汚さないように努める。 | 3.37 | 4.44** | 3.30 | 4.21** | 3.65 | 4.61** |
| 32 | 仕事の時間以外でも，顧客が会社（組織）に対して良い印象をもってもらえるよう努力する。 | 3.21 | 3.97** | 3.21 | 3.93** | 3.21 | 4.01** |
| 33 | 文具品・消耗品を使いやすいように整理し，配置する。 | 3.60 | 4.11** | 3.50 | 4.12** | 3.98 | 4.13 |
| | 33項目の平均値 | 3.41 | 3.34 | 3.39 | 3.45 | 3.46** | 3.27 |

＊$p<0.05$　＊＊$p<0.01$　1=「まったく行わない」から5=「つねに行う」までの5件法リッカート尺度で測定。

3.88点となっており，女性工員の方が高得点であった。すなわち，男性同士で比較した場合よりも女性同士で比較した場合の方が上述の「誠実さ」8項目の日中の得点差がより顕著であるという新しい発見事実が得られた。(表6－2参照)

## 3．比較結果のさらなる分析と考察

以上に，同一企業の中で同じ経営方式の下，同様の製造作業に従事しているにも関わらず，日本工場と中国工場の間には「誠実さ」8項目において顕著な得点差があること，そして，その差は男性同士の比較よりも女性同士で比較を行った場合の方がより顕著であるという発見事実を示した。

この節においては，そうした差異がなぜ生じているのかについての分析と考察を行う。

まず，調査対象となった日本人工員と中国人工員のデモグラフィックな特徴の比較を行うと，平均年齢と平均勤続期間の両方で，日本工場が高く，中国工場が低いという傾向があることがわかる。(表6－3参照)

このような傾向が現れている主な原因は，調査対象であるA社は日本で創業された企業であり，国内での事業活動によって成長を遂げた後に比較的最近

表6－2 「誠実さ」8項目の平均得点比較の詳細（t検定，両側）

| | 項　目 | 日(全) | 中(全) | t値 | 日(男) | 中(男) | t値 | 日(女) | 中(女) | t値 |
|---|---|---|---|---|---|---|---|---|---|---|
| 7 | 昼休みや休憩時間を長くとりすぎないよう努める。 | 3.92** | 2.29 | 15.92 | 3.86** | 2.61 | 8.08 | 4.13** | 2.05 | 13.53 |
| 9 | 不必要に仕事の手を休めないよう心がける。 | 3.97** | 2.47 | 14.81 | 3.92** | 2.86 | 6.65 | 4.14** | 2.20 | 13.91 |
| 10 | 自分の意見を職場の人たちに押しつけない。 | 3.22** | 2.14 | 11.23 | 3.18** | 2.22 | 6.47 | 3.37** | 2.10 | 8.29 |
| 11 | 仕事中は無駄な会話で時間をつぶさないようにする。 | 3.74** | 1.80 | 20.80 | 3.72** | 2.00 | 11.15 | 3.80** | 1.65 | 15.66 |
| 13 | 仕事上のささいなことに対して，くどくど不平を言わないようにする。 | 3.38** | 2.23 | 12.18 | 3.39** | 2.36 | 7.08 | 3.37** | 2.15 | 8.10 |
| 14 | 仕事中に必要以上の休息をとらないようにする。 | 3.80** | 2.07 | 16.24 | 3.80** | 2.27 | 9.76 | 3.77** | 1.95 | 10.03 |
| 16 | 会社（組織）の備品や消耗品を無駄使いしないよう努める。 | 3.92** | 2.56 | 12.30 | 3.84** | 2.62 | 7.41 | 4.20** | 2.55 | 10.31 |
| 17 | 職場の人に迷惑にならないように注意して行動する。 | 4.08** | 2.34 | 16.52 | 4.02** | 2.45 | 9.97 | 4.30** | 2.30 | 13.21 |
| | 平均値 | 3.75** | 2.25 | 19.36 | 3.71** | 2.47 | 10.22 | 3.88** | 2.11 | 15.98 |

＊p<0.05　＊＊p<0.01　1＝「まったく行わない」から5＝「つねに行う」までの5件法リッカート尺度で測定。

表6－3　調査対象の詳細

|  | 日本工場 | 中国工場 |
|---|---|---|
| 平均年齢 | 37.80 歳 | 33.78 歳 |
| 平均勤続期間 | 136.00 カ月 | 50.25 カ月 |
| 男　性 | 324 人（78.1%） | 99 人（41.3%） |
| 女　性 | 90 人（21.7%） | 135 人（56.3%） |
| 無回答 | 1 人（0.2%） | 6 人（2.5%） |
| 総　数 | 415 人 | 240 人 |

になってから中国に工場を設立したという経緯によるものである。そうした経緯から，日本工場が開設後数十年が経過しているのに対し，中国工場はまだ開設後8年8カ月しか経っていない（調査当時）。

　この年齢と勤続期間は，本研究と関連の深い組織市民行動研究において，西田（1997）・田中（2002）等によって，組織市民行動と正の関係をもつ規定要因として考えられてきた重要な要因である[2]。日本工場と中国工場の間に，これらの項目において大きな差があったことは考慮に入れるべき重要な事実であるといえるだろう。

　そこで，次に，上で示したように日本工場と中国工場の間に大きな差が認められる年齢と勤続期間という2つの項目に着目して，この2項目と日本版組織市民行動尺度の得点比較で顕著な日中差が見出された「誠実さ」8項目の関係を調べるために，相関係数の算出を行った。その結果は表6－4に示す通りである。

---

2）西田（1997）・田中（2002）等の研究では，年齢や勤続期間の増加に伴い組織市民行動も多く行われるようになるとされている。その理由としては①職場での経験の増加により周囲に配慮する余裕が発生するため，②職場での地位向上に伴い責任が増加するため，③加齢に伴い人間的な成長が得られるため，等の説明がなされている。また，性別については，男性の方が組織支援行動という組織に利益をもたらすタイプの行動を多く行う傾向があると述べられている。

第6章　さらなる比較分析　121

表6－4　年齢・勤続期間と「誠実さ」8項目の単純相関係数

| 項目 | 単純相関係数 ||||||
|---|---|---|---|---|---|---|
| | 全体 || 男性 || 女性 ||
| | 年齢 | 勤続期間 | 年齢 | 勤続期間 | 年齢 | 勤続期間 |
| － 年齢 | 1 | 0.616 ** | 1 | 0.629 ** | 1 | 0.728 ** |
| － 勤続期間 | 0.616 ** | 1 | 0.629 ** | 1 | 0.728 ** | 1 |
| 7 昼休みや休息時間を長くとりすぎないよう努める。 | 0.197 ** | 0.336 ** | 0.125 * | 0.222 ** | 0.369 ** | 0.518 ** |
| 9 不必要に仕事の手を休めないよう心がける。 | 0.136 ** | 0.278 ** | 0.054 | 0.149 ** | 0.325 ** | 0.477 ** |
| 10 自分の意見を職場の人たちに押しつけない。 | 0.071 | 0.229 ** | 0.038 | 0.174 ** | 0.167 ** | 0.315 ** |
| 11 仕事中は無駄な会話で時間をつぶさないようにする。 | 0.162 ** | 0.332 ** | 0.076 | 0.215 ** | 0.390 ** | 0.522 ** |
| 13 仕事上のささいなことに対して、くどくど不平を言わないようにする。 | 0.119 ** | 0.263 ** | 0.061 | 0.182 ** | 0.277 ** | 0.373 ** |
| 14 仕事中に必要以上の休息をとらないようにする。 | 0.108 ** | 0.279 ** | 0.039 | 0.171 ** | 0.273 ** | 0.441 ** |
| 16 会社（組織）の備品や消耗品を無駄使いしないよう努める。 | 0.209 ** | 0.329 ** | 0.125 * | 0.278 ** | 0.371 ** | 0.441 ** |
| 17 職場の人に迷惑にならないように注意して行動する。 | 0.185 ** | 0.33 ** | 0.086 | 0.243 ** | 0.377 ** | 0.486 ** |
| 8項目合計 | 0.186 ** | 0.356 ** | 0.099 | 0.241 ** | 0.397 ** | 0.543 ** |

＊$p<0.05$　＊＊$p<0.01$

　分析の結果，年齢と勤続期間はいずれも「誠実さ」8項目と有意な正の相関関係があることが明らかになった。そして，男女別の相関係数を算出したところ，その相関関係は，女性だけのデータにおいてより強くなることがわかった。（表6－4参照）

　さらに年齢と勤続期間を交互にコントロールしつつ，それらの項目と「誠実さ」8項目との間の偏相関係数の算出を行った。（表6－5参照）

　すると，勤続期間をコントロールした場合，年齢と8項目の間の相関関係はほとんど見られなくなった。逆に，年齢をコントロールした場合，勤続期間と8項目の間には，すべての項目において1％水準の有意な相関関係が見られた。

　この分析から，年齢と「誠実さ」8項目との間の相関関係は疑似相関であり，「誠実さ」8項目と真の相関関係をもつのは勤続期間であると考えられる。（図6－1参照）

　当然のことではあるが，年齢と勤続期間の間には，0.616という相関係数が示すように，年齢が高い者ほど勤続期間が長い可能性が高いという非常に強い相関関係が存在している。そのため，単純相関分析では，見た目上，年齢と

表6-5 年齢・勤続期間と「誠実さ」8項目の偏相関係数

| | 項　目 | 偏相関係数 |||||||
|---|---|---|---|---|---|---|---|
| | | 年齢制御 ||| 勤続期間制御 |||
| | | 全体 | 男性 | 女性 | 全体 | 男性 | 女性 |
| 7 | 昼休みや休息時間を長くとりすぎないよう努める。 | 0.279 ** | 0.196 ** | 0.377 ** | -0.038 | -0.074 | 0.024 |
| 9 | 不必要に仕事の手を休めないよう心がける。 | 0.246 ** | 0.145 ** | 0.364 ** | -0.056 | -0.080 | -0.009 |
| 10 | 自分の意見を職場の人たちに押しつけない。 | 0.206 ** | 0.151 ** | 0.273 ** | -0.066 | -0.071 | -0.066 |
| 11 | 仕事中は無駄な会話で時間をつぶさないようにする。 | 0.285 ** | 0.199 ** | 0.360 ** | -0.052 | -0.083 | 0.054 |
| 13 | 仕事上のささいなことに対して、くどくど不平を言わないようにする。 | 0.246 ** | 0.206 ** | 0.223 ** | -0.062 | -0.097 | 0.054 |
| 14 | 仕事中に必要以上の休息をとらないようにする。 | 0.259 ** | 0.177 ** | 0.338 ** | -0.079 | -0.096 | -0.034 |
| 16 | 会社（組織）の備品や消耗品を無駄使いしないよう努める。 | 0.249 ** | 0.236 ** | 0.265 ** | 0.013 | -0.060 | 0.096 |
| 17 | 職場の人に迷惑にならないように注意して行動する。 | 0.263 ** | 0.207 ** | 0.334 ** | -0.020 | -0.073 | 0.048 |
| | 8項目合計 | 0.321 ** | 0.250 ** | 0.401 ** | -0.058 | -0.105 | 0.027 |

＊$p<0.05$　＊＊$p<0.01$

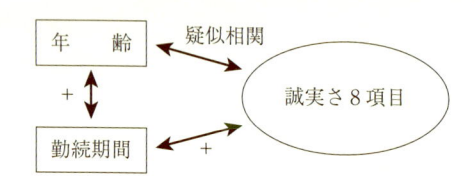

図6-1　年齢・勤続期間と「誠実さ」8項目の相関関係

「誠実さ」8項目との間にも相関関係があるように見えていたに過ぎなかったということである。

そして、偏相関係数についても男女別の値を算出したところ、偏相関関係も、女性だけのデータにおいてより強くなることがわかった。（表6-5参照）

## 4. 結果の解釈

以上に示したように今回の分析では、勤続期間が「誠実さ」8項目の得点と正の相関関係をもっていることが明らかになった[3]。特に、その関係は、女性において顕著であった。これにより、男女別に項目得点の日中比較を行った際

に，女性の方により強く勤続期間の差の影響が現れ，日本版組織市民行動尺度の得点に顕著な差が生じたと考えられる。

　それでは，勤続期間が「誠実さ」8項目と正の相関関係をもっていたこと，そして，その相関関係は女性の方が強かったことはどのような意味をもっていると解釈できるだろうか[4]。

　第1に，勤続期間が「誠実さ」8項目と正の相関関係をもっていたことについては次のように解釈できる。

　「誠実さ」次元に含まれる行動は，貢献対象が明確ではなく，目立たないタイプの行動である。それゆえに，他者に貸しをつくったり，自分の能力をアピールしたりといったことにはつながりにくい。むしろ，仕事に取り組む姿勢はこうあるべきなどといった個人のもつ理念によって行われるタイプの行動である。

　そして，勤続期間が長くなることにより，その社会において，こうあることが望ましいという個人の役割や姿勢が変わっていくと考えられる。長く勤務していると下の者の規範となるような取り組み姿勢を示すべき，一社会人としての自覚をもち恥ずかしくない生き方を歩むべきなどと，望ましいとされる個人の役割や姿勢が変化してくるため「誠実さ」8項目のようなタイプの行動も徐々にしっかりと行うようになると考えられる。

　第2に，そのように考えると，勤続期間と「誠実さ」8項目の相関関係は女性の方が強かったことについては，次のように解釈することができる。

　男性でも女性でも勤続期間によって社会的に望ましいとされる個人の役割や

---

3) 今回行った分析は相関関係の存在を明らかにしたものであり，変数間の因果関係の存在を立証するものではないが，本節では，理論的に考えられる因果関係についての仮説を提示する。これらの仮説が本当に正しいか否かの検証は今後の研究を待たねばならない。
4) この度の報告では紙面の都合から詳細なデータは割愛するが，中国工場開設後に対象を絞って勤続期間の日中差をなくした状態で33項目の平均得点の比較を行っても「誠実さ」8項目において日本工場の得点が高く中国工場が低いという傾向は変わらなかった。これは「国民国家」レベルの文化が日中の差異をもたらしている重要な要因であるという見解を支持するものであるといえる。

姿勢が変化していくことと，その変化の方向性に大きなちがいはないであろうが，変化の程度は女性の方が大きいのではないだろうか。もちろん細かな点において質のちがいはあるだろうが，大まかに分類すれば日本と中国のどちらも男性優位の社会に位置づけられる。そうした社会においては，男性は，最初から，仕事に対してそれなりの取り組み姿勢と自覚を求められることになる。それに対して，女性は，最初は男性ほどの姿勢を求められないことが多いが，長く仕事を続けていれば，女性の中では突出した存在とみなされるようになり，男性と同等，または，それ以上のものを求められるようになるのではないだろうか。

## 5．結論とインプリケーション

　以上の分析と考察から，成員の組織における利他的行動のパターンを規定する上で，これまで重要な要因であると考えてきた国民国家レベルの文化という要因に加えて，性別，勤続期間も考慮に入れるべき重要な要因であることが示された。
　特に勤続期間と利他的行動の関係についての知見は，経営学にとっても非常に大きなインパクトをもたらし得るものである。今回の研究はあくまでも製造業1企業を対象としたものであるが，業種や企業文化，経営理念等の差異にかかわらず，長期勤続は，組織が成員から望ましい貢献（＝利他的行動）を引き出すためにプラスに働く要因となっていると普遍化できる可能性があると考えれば，組織の経営，中でも人的資源管理という文脈において，雇用制度の在り方，ひいては，長年にわたり日本的経営の特徴とされてきた終身雇用制度の是非と今後の在り方といった議論にも影響が及んでくる。
　今後においては，成員の組織における利他的行動を規定する要因についてさらに精緻な研究を進めていくとともに，利他的行動の視点から，日本的経営や終身雇用制度の是非とその未来，および日本の企業組織の優れた点の海外移転可能性といった事柄についても掘り下げた検討を行っていきたい。

# 第7章
# 試作版利他的行動尺度による調査結果の再考

## 1．試作版利他的行動尺度による調査結果の再分析

　ここまでの実証研究の主要な論点をまとめると，第5章においては同様の状況下で働く日本人工員と中国人工員の国際比較を行い，両国民の利他的行動パターンの差異を示し，「国民国家」レベルの文化[1]という視点からそうした差異が生じている理由を明らかにした。

　具体的には，第1に，日本版組織市民行動尺度33項目の総平均得点の比較では日本工場と中国工場の得点はほぼ同水準であり有意な差は見られなかったこと，第2に，個別の項目ごとに得点の比較を行うと，日本工場と比較して中国工場は，よく行う行動とあまり行わない行動の得点差が大きかったこと，第3に，中国工場が5％以上の水準で有意に低得点であった質問項目10項目の中に，中国工場のデータの因子分析において「組織に関する最小限の役割要件を超えた従業員による任意の行動」と定義される「誠実さ」因子であると解釈された8項目がすべて含まれていたことの3つが主要な発見事実である。

　そして，その発見事実について「国民国家」レベルの文化という視点から解釈を行い，それぞれの利他的行動のもつアピール性と貢献対象の明確性という

---

[1]「国民国家」レベルの文化に着目した理由はHofstede（1980, 1991）によれば，「国民国家」があらゆる人間集団の中で最も統合的で完結したものであるからである。そのため，そのレベルに視点を合わせた比較を行うことにより，より下位のレベルに対してもある程度共通するであろう知見が得られると期待できる。

観点から見てみると，中国人工員は，自らの「面子」の維持・向上にとって有益かどうかという観点から，「対人援助」や「組織支援行動」など，派手で，自分から積極的に他者に貢献していくタイプの行動や，「職務上の配慮」など，自分が職務を遂行する際に同僚や上司，部下にいやな思いをさせたり悪影響を及ぼしたりして自らの人格や能力を疑われたりしないようにするタイプの行動を多く行い，「誠実さ」のような貢献対象が明確ではなく，目立たないタイプの行動はあまり行わないといった行動パターンとなったと考えられると結論づけた。

続く第6章においては第5章の分析をさらに掘り下げ，データを男女別に分けて日本版組織市民行動尺度の項目レベルでの平均得点の比較を行った。その結果，男女別にデータを分けても，中国工場の方が有意に高得点である項目が多いが「誠実さ」因子に含まれる8項目の得点が非常に低い水準であり，それらの8項目は有意に日本工場の得点の方が高くなっているというパターンは同じであった。しかし，女性同士で比較した場合は33項目の総平均得点において日本工場の得点が有意に高くなっていた。これは男女を分けずに全体で比較を行った場合の有意な差は見られないという結果とは異なるものであった。

そして，「誠実さ」因子に含まれる8項目の総平均得点を比較すると，男性同士で比較した場合よりも女性同士で比較した場合の方が「誠実さ」8項目の得点差がより顕著であるという新しい発見事実が得られた。

次に，そうした差異がなぜ生じているのかについての分析と考察を行った。日本工場の平均値が高く中国工場との間に大きな差が認められた年齢と勤続期間という2つの要因に着目して，この2要因と日本版組織市民行動尺度の得点比較で顕著な日中差が見出された「誠実さ」8項目の関係を調べたところ，勤続期間が「誠実さ」8項目の得点と正の相関関係をもっていることが明らかになった。特に，その関係は，女性においてより顕著であった。このことから，男女別に項目得点の日中比較を行った際に，女性の方により強く勤続期間の差の影響が現れ，日本版組織市民行動尺度の得点に顕著な差が生じたと考えられると結論づけた。

そして，第1に，勤続期間が「誠実さ」8項目と正の相関関係をもっていたことについて，長く勤務していると下の者の規範となるような取り組み姿勢を示すべき，一社会人としての自覚をもち恥ずかしくない生き方を歩むべきなどと，望ましいとされる個人の役割や姿勢が変化してくるため，「誠実さ」8項目のようなタイプの行動も徐々にしっかりと行うようになるのではないかとの見解を示した。第2に，その相関関係は女性の方が強かったことについて，大まかに分類すれば日本と中国のどちらも男性優位の社会に位置づけられるが，そうした社会においては，男性は，最初から，仕事に対してそれなりの取り組み姿勢と自覚を求められることになるのに対して，女性は，最初は男性ほどの姿勢を求められないことが多いが，長く仕事を続けていれば，女性の中では突出した存在とみなされるようになり，男性と同等，または，それ以上のものを求められるようになるのではないかとの見解を示した。

　これらの研究によって利他的行動という概念を導入して現実の組織の分析を行う，あるいは日中比較を行うという目標はある程度において達成された。しかし，これらの研究では，成員の利他的行動を測定するための尺度として田中（2002）の開発した日本版組織市民行動尺度を代用し，その測定結果に対して，独自に構築した利他的行動の分析枠組み[2]を適用して解釈を加えるという方式

---

2）利他的行動の分析枠組みの詳細については第3章を参照のこと。概要は次の通りである。利他的行動の本質を理解するためには，第1に，利他的行動を，目的が別にあり，それを得るための手段として行動を手段として位置づける道具型行動（見た目上利他的に見えるが，本質的には利己的な行動）と，行動をとること自体を自らの目的として考える自己目的型行動（ある種の利他性にもとづく行動）の2種類に大別して考えることが重要である。そして，道具型利他的行動は直接型と間接型に，自己目的型の利他的行動は社会関係型と理念型に細分化することができる。これを利他的行動の4類型と呼んでいる。また，現実の組織における利他的行動を分析する上においては，外部から確認できる行動が同じものであっても，それらはまったく異なる行動原理にもとづくものであるかもしれないということを念頭に置いておかなくてはならない。個人が，どのような状況に置かれているか，その状況をどのように意味づけているか，それ次第でその状況における利他的行動の動機となるロジックや，その組み合わせ方も異なってくるのである。この点で，利他的行動は，意味づけや文化といった事柄と深い関係をもつものである。

を採用していたため，理論とそれを実証するためのデータの対応関係に若干のズレが生じていた。

そのようなズレを解消し，今後，利他的行動の分析枠組みをよりダイレクトに使用できる形で実証研究に落とし込んでいくためには，独自の利他的行動尺度の開発が不可欠となる。完成度の高い独自の利他的行動尺度を開発することは今後の大きな課題である。

そうした問題意識の下に，本章では，今後，独自の利他的行動尺度を完成させて，より実りのある利他的行動研究を展開するための基礎準備として，現在所有しているデータで可能な範囲において，利他的行動尺度の試作を行うこととする。また，試作した利他的行動尺度を使用して第5章・第6章の調査結果の再分析を行い，理論とそれを実証するためのデータの対応関係にできる限りズレが生じない形で再分析結果についての考察を行う。

## 2．本章の具体的内容

上述したように今後より実りの多い研究を展開するためには，利他的行動の分析枠組みをよりダイレクトに使用できる形で実証研究に落とし込む工夫がいる。そして，そのためには，独自の利他的行動尺度の開発が必要となる。

この第7章では，そうした独自の利他的行動尺度の開発の準備段階として，第5章・第6章で使用したA社のデータ[3]を引き続き使用して，第1に，日本版組織市民行動尺度33項目の中から利他的行動の4類型の定義によく合った項目を理論的に選別し，その項目によって試作版の利他的行動尺度を作成す

---

3) データの詳細は次の通りである。2004年の9月から10月にかけて，日系の製造業A社の日本工場，および中国工場において，同一の経営方式の下で同様の生産作業に従事する工員を対象としてアンケート調査を実施した。調査方法は留置法を採用し，日本工場415通，中国工場240通の回答を得た。回収率は日本工場約86.5%，中国工場約96.0%であった。組織における成員の利他的行動の測定尺度として，田中（2002）が開発した33項目5次元からなる日本版組織市民行動尺度を使用した。

る。第2に，それが理論的な洞察通りに利他的行動の測定尺度としての妥当性・信頼性を有するかについて分析を行う。そして，第3に，その試作版利他的行動尺度を使用して，第5章・第6章の調査結果の再分析を行い，その結果について，理論とそれを実証するためのデータの対応関係にできる限りズレが生じない形で考察を行うとともに，今後の研究のあり方についての見解を提示する。

## 3．利他的行動尺度の試作

### 3.1　項目の選定

　尺度の作成にあたっては，まず，理論的な検討を通じて日本版組織市民行動尺度33項目の中から，直接型・間接型・社会関係型・理念型のそれぞれについて，それを測定するに相応しい項目を3つ選び出して全12項目からなる試作版利他的行動尺度を作成し，次に，その試作版利他的行動尺度について，日系製造業A社のデータを使用して尺度としての妥当性・信頼性についての分析を行うという方法をとった。その具体的な手順は次の通りである。

　まず，次のような理論的検討にもとづき利他的行動の4類型のそれぞれを測定するに相応しい項目を3つずつ選定した。

　「その行動から直接的にもたらされるであろう外的な報酬を目的として行う利他的行動」と定義される直接型行動については，利他的行動をとることで他者に貸しをつくりそれに対する返礼を受けるという社会的交換関係が成立するための条件を備えていることという観点から，自分から積極的に他者を助け，助ける対象に対して，自分が利他的行動をとっているとはっきりアピールできるタイプの行動という基準で項目を選定した。その結果，「同僚の仕事上のトラブルを進んで手助けする。」「上司の仕事であっても進んで手伝う。」「仕事上のトラブルを抱えている人を，進んで手助けする。」という3つの項目を採用した。

　「後々の外的報酬の獲得機会を広げるものを得ることを目的として行う利他的行動」と定義される間接型行動については，自分の能力や仕事に対する姿勢

を疑われないように留意し，組織内での面子と信頼を保つタイプの行動という基準で項目を選定した。その結果，「自分の仕事に注意を行き届かせる。」「一度受けた仕事は最後まで責任をもって実行する。」「仕事で間違いに気がついたらすぐにそれを正す。」という3つの項目を採用した。

「個人が自らにとって重要な関係であると認識している対象に対してその幸福・福利を増進することを目的として行う利他的行動」と定義される社会関係型行動については，貢献対象に自らが利他的行動をとっているとアピールできるか否か，また，それによって見返りが期待できるか否かといったことに関わらず，自らが大事に思う対象に貢献するタイプの行動という基準で項目を選定した。その結果，「仕事の場以外でも積極的に自分の会社（組織）を宣伝する。」「参加が義務づけられていなくても，会社（組織）が主催する行事や祭典には参加する。」「仕事上の役割を果たすためには，家庭も犠牲にする。」という3つの項目を採用した。

「個人が自らにとって重要であると認識している何らかの利他的理念にもとづいて行う利他的行動」と定義される理念型行動については，他者に自分が利他的行動をとっているとアピールしにくい比較的目立たない行動で，行わなかったとしてもそのことを他者からチェックされることが少なくマイナス評価につながりにくい行動という基準で項目を選定した。その結果，「不必要に仕事の手を休めないよう心がける。」「仕事中は無駄な会話で時間をつぶさないようにする。」「仕事中に必要以上の休息をとらないようにする。」という3項目を採用した。

## 3.2 尺度の妥当性と信頼性の分析

次に，上記の手順で作成した12項目からなる試作版利他的行動尺度[4]について，その尺度としての妥当性を確かめるために，IBM-SPSS-Statistics を使

---

4) 試作版利他的行動尺度の各項目は日本版組織市民行動尺度においては次の次元に属していたものである。項目1, 2, 3＝対人援助，項目4, 5, 6＝職務上の配慮，項目7, 8, 9＝組織支援行動，項目10, 11, 12＝誠実さ。

用して，主因子法，プロマックス回転による探索的因子分析を行った。なお，因子数の決定では，固有値1以上で，0.3以上の因子パターン値をもつ項目を2つ以上含み，なおかつ最も多くの分散を説明できる因子数という基準で因子分析を行った。

分析の結果，利他的行動の4類型のそれぞれに対応する4因子が抽出された。そして，それぞれの因子に含まれる項目について検討したところ，4因子ともすべて事前の理論的検討通りの項目によって構成されているという結果が得られた。(表7-1参照)

すなわち，因子Ⅰは「個人が自らにとって重要であると認識している何らかの利他的理念にもとづいて行う利他的行動」と定義される理念型行動，因子Ⅱは「後々の外的報酬の獲得機会を広げるものを得ることを目的として行う利他的行動」と定義される間接型行動，因子Ⅲは「その行動から直接的にもたらされるであろう外的な報酬を目的として行う利他的行動」と定義される直接型行動，因子Ⅳは「個人が自らにとって重要な関係であると認識している対象に対してその幸福・福利を増進することを目的として行う利他的行動」と定義される社会関係型行動である。

表7-1　試作版利他的行動尺度の因子パターン値

| 類型 | | 項目 | Ⅰ | Ⅱ | Ⅲ | Ⅳ |
|---|---|---|---|---|---|---|
| 直接型 | 1 | 同僚の仕事上のトラブルを進んで手助けする。 | －0.065 | 0.041 | 0.730 | －0.074 |
| | 2 | 上司の仕事であっても進んで手伝う。 | 0.154 | －0.089 | 0.563 | 0.077 |
| | 3 | 仕事上のトラブルを抱えている人を，進んで手助けする。 | －0.076 | 0.052 | 0.693 | 0.066 |
| 間接型 | 4 | 自分の仕事に注意を行き届かせる。 | 0.067 | 0.584 | －0.027 | 0.107 |
| | 5 | 一度受けた仕事は最後まで責任をもって実行する。 | －0.016 | 0.756 | 0.062 | －0.024 |
| | 6 | 仕事で間違いに気がついたらすぐにそれを正す。 | 0.015 | 0.753 | －0.035 | －0.039 |
| 社会関係型 | 7 | 仕事の場以外でも積極的に自分の会社（組織）を宣伝する。 | 0.005 | －0.018 | 0.014 | 0.711 |
| | 8 | 参加が義務づけられていなくても，会社（組織）が主催する行事や祭典には参加する。 | －0.104 | 0.087 | －0.076 | 0.669 |
| | 9 | 仕事上の役割を果たすためには，家庭も犠牲にする。 | 0.085 | －0.049 | 0.145 | 0.517 |
| 理念型 | 10 | 不必要に仕事の手を休めないよう心がける。 | 0.739 | 0.098 | 0.053 | －0.069 |
| | 11 | 仕事中は無駄な会話で時間をつぶさないようにする。 | 0.858 | －0.027 | －0.027 | －0.034 |
| | 12 | 仕事中に必要以上の休息をとらないようにする。 | 0.865 | －0.012 | －0.013 | 0.077 |

最後に，試作版利他的行動尺度の4つの下位次元について，その信頼性を確かめるためにα係数（Cronbach's α coefficient）を算出した。その結果，直接型＝0.705，間接型＝0.747，社会関係型＝0.680，理念型＝0.864という結果が得られた。社会関係型のα係数が0.7を若干下回ったものの，それぞれ3つしか項目をもたないことを考えると，この結果はおおむね良好な数値であるといえる。

　以上の分析の結果から，試作版利他的行動尺度は，測定尺度として，今後の実証研究での使用に耐えうる水準の妥当性と信頼性を備えるものであると判断した。

## 4．試作版利他的行動尺度による再分析

### 4.1　平均得点の比較

　まず，日系製造業A社における国際比較調査のデータについて試作版利他的行動尺度を用いて尺度の平均得点の日中比較を行った。その結果は表7－2，および図7－1に示す通りである。

　まず，試作版利他的行動尺度全12項目の総平均得点においては，日本工場と中国工場の間に有意な平均値の差は見出されなかった。次に，利他的行動の4類型それぞれについて結果を検討したところ，「その行動から直接的にもた

表7－2　試作版利他的行動尺度の日中得点比較（t検定，両側）

|  | 日本工場 | | | 中国工場 | | | |
| --- | --- | --- | --- | --- | --- | --- | --- |
|  | N | 平均値 | 標準偏差 | N | 平均値 | 標準偏差 | t値 |
| 直　接　型 | 402 | 3.289 | 0.691 | 223 | 3.677 ** | 0.769 | －6.450 |
| 間　接　型 | 401 | 4.115 | 0.652 | 220 | 4.262 ** | 0.598 | －2.775 |
| 社会関係型 | 397 | 2.646 | 0.798 | 231 | 3.390 ** | 0.802 | －11.240 |
| 理　念　型 | 396 | 3.828 ** | 0.776 | 223 | 2.117 | 1.132 | 22.223 |
| 総　平　均 | 385 | 3.469 | 0.528 | 202 | 3.394 | 0.571 | 1.590 |

＊p<0.05　＊＊p<0.01　1＝「まったく行わない」から5＝「つねに行う」までの5件法リッカート尺度で測定。

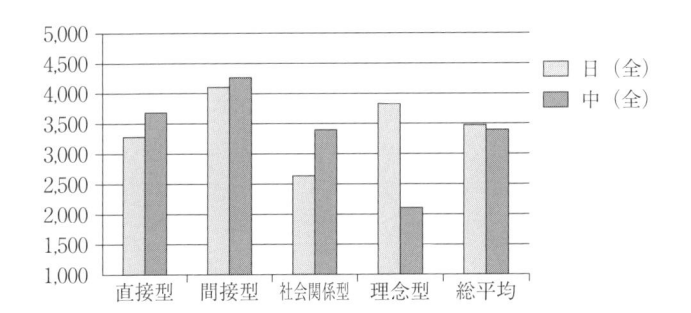

図7－1 試作版利他的行動尺度の日中得点比較（全）

らされるであろう外的な報酬を目的として行う利他的行動」と定義される直接型と「後々の外的報酬の獲得機会を広げるものを得ることを目的として行う利他的行動」と定義される間接型，「個人が自らにとって重要な関係であると認識している対象に対してその幸福・福利を増進することを目的として行う利他的行動」と定義される社会関係型の3つにおいては，日本工場よりも中国工場の方が有意に高い平均値を示し，残る1類型である「個人が自らにとって重要であると認識している何らかの利他的理念にもとづいて行う利他的行動」と定義される理念型行動については，中国工場よりも日本工場の方が有意に高い平均値を示していた。

このことは，裏を返せば，中国工場は日本工場より多くの類型で高得点をマークしているにも関わらず理念型行動の得点が非常に低水準であったため，すべての項目を合計して総合平均得点を算出した時には日本とほぼ同水準の得点となっていたということである。つまり，中国工場は日本工場と比較して，よく行う行動とあまり行わない行動がはっきりしているといえる。

## 4.2　得点の比較分析結果の考察

以上に，同一企業の中で同じ経営方式の下，同様の製造作業に従事しているにも関わらず，日本工場と中国工場の間には利他的行動の4類型の得点において顕著な差異が認められることを示した。特に，中国工場では「個人が自らに

とって重要であると認識している何らかの利他的理念にもとづいて行う利他的行動」と定義される理念型行動の得点が顕著に低かったということは非常に興味深いものである。

こうした特徴的な差異が表れたことについて考察してみると，たまたま偶然そうなったというわけではなく，中国工場の側に何らかの理由があり，理念型行動の得点が低くなっているのではないかとの推測が成り立つ。

では，理念型行動の得点が低いということはいかなることを意味しているのであろうか。それは，「第5章　2．日本人論・中国人論についてのレビュー」で示したような日本人論や中国人論において述べられてきた日中両国の思考方法や行動様式の差異，すなわち文化の差異が表れているものと考えれば，一定の妥当性のある説明を行うことが可能である。

「第5章　2．日本人論・中国人論についてのレビュー」で示したように，日本人の特徴は，自然を調和すべき対象とみなすこと，共同体の維持存続に重きを置く集団主義，そして，それらを背景とした「人と人との調和」を意味する「和」の尊重と「自分から語らずとも，他人が無条件でこちらの心情を察して受容し，庇護してくれることを求める心性，あるいは他人と自己を分け隔てずに一体のものと捉えることを求める心性」である「甘え」の思想の4点に求められる。（表7-3参照）

そして，中国人の特徴は，自然を対抗すべき対象とみなすこと，個人の利益確保に重きを置く利己的な個人主義，そして，それらを背景とした社会の中での自らの地位や威信に近い意味をもつ「面子」の重視，功利的・手段的な意味合いでの持ちつ持たれつの相互依存的な人間関係をさす「関係」の積極的構築の4点に求められる。

これを今回の測定結果に当てはめて考えてみることにする。（表7-2，図7-1参照）

まず，理念型行動とは「個人が自らにとって重要であると認識している何らかの利他的理念にもとづいて行う利他的行動」と定義される次元である。理念型の類型に含まれる行動は，「10.不必要に仕事の手を休めないよう心がけ

表7-3　日本人と中国人の特徴比較

| 比較項目 | 日本人 | 中国人 |
| --- | --- | --- |
| 自然との関係<br>他者との関係<br>鍵概念 | 調和的<br>集団主義的<br>和<br>甘え<br>（義理人情）<br>（内と外）<br>（恥） | 対抗的<br>個人主義的<br>面　子<br>関　係 |

る。」「11. 仕事中は無駄な会話で時間をつぶさないようにする。」「12. 仕事中に必要以上の休息をとらないようにする。」という，手を抜かずに仕事をするというタイプの行動である。

　こうしたタイプの行動の特徴としては，第1に，アピール性に欠ける比較的目立たず地味な行動であるという点があげられる。その対象になっているのは，周りの様子を窺いながら手を抜ける時に目立たないように手を抜くというレベルの行動であり，そうした行動をとっていてもいなくても日常の仕事を通常通りに行っているという範囲を逸脱することはなく，他者から見れば，行動主体がそうした行動をとっているのか否か自体がわかりにくいし，あまり気に留めることもないことであるということができる。

　理念型行動の第2の特徴としては，貢献する対象が明確ではないことがあげられる。

　手を抜かなかったとしても，それは自分の仕事を通常通りにこなしているということに過ぎない。困っている人を助けてあげるというような行動とはちがって，特定の対象に対して貸しをつくれるわけではない。逆に手を抜いたとしても，様子を窺いながら手を抜けるときには目立たないように手を抜くというレベルの行動であるので，誰かからはっきりと恨まれたり非難されたりするほどのことではない。

　このような理念型行動の性質と中国人の特徴を合わせて考えると，アピール

性にかける地味な行動であり貢献する対象も明確ではない理念型行動は，中国人がいうところの「面子」に関わるようなものではないといえる。

　そのように考えれば，中国人工員は，組織における利他的行動を，自らの「面子」や「関係」にとってどのような利益をもたらすかという観点で捉え，直接型のように派手で自分から積極的に他者に貢献していくタイプの行動や，間接型のように他者に迷惑をかけたりミスをするなどして自らの能力を疑われたりしないようにするタイプの行動，そして，社会関係型のように自らが大事に思っている対象に対する貢献行動を多く行い，理念型行動のような，貢献対象が明確ではなく，目立たず消極的なタイプの行動はあまり行わないという行動パターンをとっているということで納得できる。

　一方，日本においては，「滅私奉公」や「奉職」という言葉からも見てとれるように，伝統的に，仕事に対して損得勘定を抜きにして誠実に努力することが美徳とされてきた。

　日本人が理念型行動を多く行っていたという今回の結果は，そうした日本人のもつ独特の文化が現れたものであると見ることができる。

## 4.3　比較結果のさらなる分析と考察
### （1）男女別の分析

　試作版利他的行動尺度全12項目の総平均得点について男女別に比較を行ったところ，女性のみで比較した場合，日本工場が有意に高得点であるという結果が得られた。（表7－4参照）

　次に，利他的行動の4類型それぞれについて男女別に分けて平均得点の比較を行った。各類型の得点を比較すると，男女別にデータを分けても，男女それぞれにおいて，理念型行動は，日本工場の得点が非常に高い一方で中国工場の得点が非常に低く，そして，女性のみの比較で間接型行動の有意差が見られなかったことを除いて，残りの3類型では中国工場の方が高得点を示すという傾向は同じであった。（表7－4．日（男）・中（男）および日（女）・中（女）参照）

　さらに，その得点の開きの程度を比較すると，男性同士の比較よりも女性同

表7－4 試作版利他的行動尺度の得点比較（男女別，t検定，両側）

| | | 日（全） | 中（全） | t値 | 日（男） | 中（男） | t値 | 日（女） | 中（女） | t値 |
|---|---|---|---|---|---|---|---|---|---|---|
| 1 | 直 接 型 | 3.289 | 3.677 ** | − 6.450 | 3.338 | 3.78 ** | − 5.307 | 3.124 | 3.609 ** | − 4.719 |
| 2 | 間 接 型 | 4.115 | 4.262 ** | − 2.775 | 4.045 | 4.282 ** | − 2.948 | 4.364 | 4.234 | 1.781 |
| 3 | 社会関係型 | 2.646 | 3.390 ** | − 11.240 | 2.603 | 3.419 ** | − 8.636 | 2.798 | 3.412 ** | − 5.612 |
| 4 | 理 念 型 | 3.828 ** | 2.117 | 22.223 | 3.810 ** | 2.409 | 13.202 | 3.898 ** | 1.925 | 14.855 |
| | 総 平 均 | 3.469 | 3.394 | 1.590 | 3.446 | 3.496 | − 0.723 | 3.551 ** | 3.328 | 2.991 |

＊p＜0.05　＊＊p＜0.01

士で比較を行った場合の方が上述の理念型行動の得点差がより顕著であるという興味深い新たな発見事実が得られた。（表7－4参照）

　以上に，同一企業の中で同じ経営方式の下，同様の製造作業に従事しているにも関わらず，日本工場と中国工場の間に特に理念型行動において顕著な得点差があること，そして，その差は男性同士の比較よりも女性同士で比較を行った場合の方がより顕著であるという発見事実を示した。

　先に述べたように，理念型行動とは「個人が自らにとって重要であると認識している何らかの利他的理念にもとづいて行う利他的行動」と定義される行動である。利他的行動の4類型の中では，他者に自分が利他的行動をとっているとアピールしにくい比較的目立たない行動で，行わなかったとしてもそのことを他者からチェックされることが少なくマイナス評価につながりにくいという特徴をもっている。

　この類型には，個人が明確に自らの理念を意識して行動を行う場合はもちろんのこと，Weber（1920）のいうところのエートス（Ethos）[5]のように，深く考えるまでもなく反射的に自らのなじんでいる理念に沿うように行動する場合も含まれる。代表的な利他的理念としては，労働そのものを自己目的と考えてひ

---

5）エートス：倫理規範そのものではなく，それが歴史とともに人々の血となり肉となっていった，社会の倫理的雰囲気とでも言うべきもの。その担い手である個々人は出来事に対して条件反射的にその命じる方向へと行動する傾向をもつ。（Weber著，大塚久雄訳，1989，p.388）

たすら自らに課せられた職業的使命の達成に尽くすというプロテスタントの「天職 (Beruf)」思想[6]やすべての生命を慈しみ憐れむ心をもつことを理想とする大乗仏教における「慈悲」思想等がある。

以下の分析においては，日中の得点差異が最も顕著に表れた点であり，かつ，理論的にも，他者に恩を売るなど，一見は利他的な行動に見えても実は見返りを期待しているといったタイプの行動ではなく，真の意味での利他的行動に近いがゆえに各人の利他に対する姿勢が最もストレートに表れると考えられる「理念型行動」に着目した分析を行う。

まず，調査対象となった日本人工員と中国人工員のデモグラフィックな特徴の比較を行うと，平均年齢と平均勤続期間の両方で，日本工場が高く，中国工場が低いという傾向があることがわかる。(表7-5参照)

このような傾向が現れている主な原因は，調査対象である製造業A社が日本発祥で現在も日本に本拠地を置く日系企業であるため，日本工場は開設後数十年が経過しているのに対し，中国工場は後発で，まだ開設後8年8カ月しか経っていないためである (調査当時)。

年齢や勤続期間は，本研究と関連の深い組織市民行動研究において，西田 (1997)・田中 (2002) 等によって，組織市民行動と正の関係をもつ規定要因として考えられてきた重要な要因である[7]。日本工場と中国工場の間に，これらの項目において大きな差があったことは考慮に入れるべき重大な事実であるといえるだろう。

そこで，次に，上で示したように日本工場と中国工場の間に大きな差が認め

---

6) マルティン・ルッターが16世紀の宗教改革の際に生み出した，「職業は我々が神から与えられた現世で果たすべき使命である」という思想。(Weber, 1920)

7) 西田 (1997)・田中 (2002) 等の研究では，年齢や勤続期間の増加に伴い組織市民行動も多く行われるようになるとされている。その理由としては①職場での経験の増加により周囲に配慮する余裕が発生するため，②職場での地位向上に伴い責任が増加するため，③加齢に伴い人間的な成長が得られるため，等の説明がなされている。また，性別については，男性の方が組織支援行動という組織に利益をもたらすタイプの行動を多く行う傾向があると述べられている。

第7章 試作版利他的行動尺度による調査結果の再考　139

表7-5　調査対象の比較

|  | 日本工場 | 中国工場 |
|---|---|---|
| 平均年齢 | 37.80 歳 | 33.78 歳 |
| 平均勤続期間 | 136.00 カ月 | 50.25 カ月 |
| 男　性 | 324 人 (78.1%) | 99 人 (41.3%) |
| 女　性 | 90 人 (21.7%) | 135 人 (56.3%) |
| 無回答 | 1 人 (0.2%) | 6 人 (2.5%) |
| 総　数 | 415 人 | 240 人 |

られる年齢と勤続期間という2つの項目に着目して，この2項目と試作版利他的行動尺度の得点比較で顕著な日中差が見出された理念型行動の関係を調べるために，単純相関係数を算出した。その結果は表7-6に示す通りである。

　分析の結果，男女すべてを対象とした分析では，年齢と勤続期間はいずれも理念型行動と有意な正の相関関係にあることが明らかになった。そして，男女別の相関係数を算出したところ，その相関関係は，女性だけのデータにおいてより強くなることがわかった。

　さらに年齢と勤続期間を交互にコントロールしつつ，それらの項目と理念型行動との間の偏相関係数の算出を行った。

　すると，年齢をコントロールした場合，勤続期間と理念型行動の間には，すべての項目において1％水準の有意な中程度の正の相関関係が見られた。逆に，勤続期間をコントロールした場合，年齢と理念型行動の間の有意な相関関係はまったく見られなくなった。（表7-7参照）

　この分析により，年齢と理念型行動との間の相関関係は疑似相関である可能性が高く，理念型行動と真の相関関係をもつのは勤続期間であると考えられることが明らかになった。（図7-2参照）

　当然のことではあるが，年齢と勤続期間の間には，0.616 という相関係数が示すように，年齢が高い者ほど勤続期間が長い可能性が高いという非常に強い相関関係が存在している。そのため，単純相関分析では，見た目上，年齢と理

表7－6　年齢・勤続期間と理念型行動の単純相関係数

| 項目 | 単純相関係数 ||||||
|---|---|---|---|---|---|---|
| | 全体 || 男性 || 女性 ||
| | 年齢 | 勤続期間 | 年齢 | 勤続期間 | 年齢 | 勤続期間 |
| － 年齢 | 1 | 0.616 ** | 1 | 0.629 ** | 1 | 0.728 ** |
| － 勤続期間 | 0.616 ** | 1 | 0.629 ** | 1 | 0.728 ** | 1 |
| 4 理念型 | 0.152 ** | 0.325 ** | 0.071 | 0.194 ** | 0.364 ** | 0.529 ** |

＊p<0.05　＊＊p<0.01

表7－7　年齢・勤続期間と理念型行動の偏相関係数

| 項目 | 偏相関係数 ||||||
|---|---|---|---|---|---|---|
| | 年齢制御 ||| 勤続期間制御 |||
| | 全体 | 男性 | 女性 | 全体 | 男性 | 女性 |
| 4 理念型 | 0.289 ** | 0.221 ** | 0.375 ** | －0.065 | －0.105 | 0.011 |

＊p<0.05　＊＊p<0.01

図7－2　年齢・勤続期間と理念型行動の相関関係

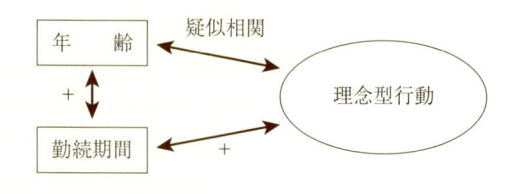

念型行動との間にも相関関係があるように見えたに過ぎなかったということと考えられる。

そして，偏相関係数についても男女別の値を算出したところ，勤続期間との間の偏相関係数も，女性だけを対象としたデータにおいてより強くなることがわかった。(表7－7参照)

## （2）結果の解釈と考察

　以上に示したように今回の分析では，勤続期間が理念型行動の得点と正の相関関係をもっていることが明らかになった[8]。特に，その関係は，女性において顕著であった。これにより，男女別に得点の日中比較を行った際に，女性の方により勤続期間の差の影響が現れ，利他的行動尺度の得点に顕著な差が生じたと考えられる。

　それでは，勤続期間が理念型行動と正の相関関係をもっていたこと，そして，その相関関係は女性の方が強かったことはどのような意味をもっていると解釈できるであろうか[9]。

　第1に，勤続期間が理念型行動と正の相関関係をもっていたことについては次のように解釈できる。

　理念型行動に含まれる項目は，「不必要に仕事の手を休めないよう心がける。」「仕事中に必要以上の休息をとらないようにする。」など，特定の対象に積極的に貢献するというタイプの行動ではないという意味で，貢献対象が明確ではなく，目立たないタイプの行動である。それゆえに，他者に貸しをつくったり，自分の能力をアピールしたりといったことにはつながりにくい。むしろ，他者からの見返りを期待したり，良く見られようとしたりといった気持ちとはまったく別の次元で，仕事に取り組む姿勢はこうあるべき，仕事には誠実に取り組むべきといった，個人のもつある種の理念によって行われるタイプの行動であるといえるだろう。

　そして，勤続期間が長くなることにより，その社会において，個人の役割や

---

8) 今回行った分析は相関関係の存在を明らかにしたものであり，変数間の因果関係の存在を立証するものではないが，ここでは，理論的に考えられる因果関係についての仮説を提示する。これらの仮説が本当に正しいか否かの検証は今後の研究を待たねばならない。
9) この度の報告では紙面の都合から詳細なデータは割愛するが，中国工場開設後に対象を絞って勤続期間の日中差をなくした状態で33項目の平均得点の比較を行っても理念型行動において日本工場の得点が高く中国工場が低いという傾向は変わらなかった。これは「国民国家」レベルの文化が日中の差異をもたらしている重要な要因であるという本書の見解を支持するものであるといえる。

姿勢について，こうあることが望ましいとされる内容が変わっていくと考えられる。長く勤務していると，下の者の規範となるような取り組み姿勢を示すべき，一社会人としての自覚をもち恥ずかしくない生き方を歩むべきなどと，望ましいとされる個人の役割や姿勢が変化してくるため理念型行動のようなタイプの行動も徐々にしっかりと行うようになると考えられる。

第2に，そのように考えると，勤続期間と理念型行動の相関関係は女性の方が強かったことについては，次のように解釈できる。

勤続期間によって社会的に望ましいとされる個人の役割や姿勢が変化していく程度は女性の方が大きいのではないだろうか。大別すれば日本と中国のどちらも男性優位の社会に位置づけられる。そうした社会においては，男性は，最初から，仕事に対してそれなりの取り組み姿勢と自覚を求められている。それに対して，女性は，最初は男性ほどの姿勢を求められないことが多いと考えるのが自然であろう。しかし，長く仕事を続けていれば，女性の中では突出した存在とみなされるようになり，男性と同等，または，それ以上のものを求められるようになると考えられる。

## 5．結論とインプリケーション

以上に，成員の組織における利他的行動のパターンを規定するうえで，これまで重要な要因であると考えてきた国民国家レベルの文化という要因に加えて，性別，勤続期間も考慮に入れた分析を行った。「4．試作版利他的行動尺度による再分析」で行った分析結果の概要は以下に示す通りである。

試作版利他的行動尺度の平均得点比較を行ったところ，第1に，試作版利他的行動尺度の全項目の総平均得点においては，男女別に比較を行った際，女性でのみ日本工場が有意に高得点であるという結果が得られたが，男性のみ，そして男女すべてでの比較では日本工場と中国工場の間に有意な平均得点の差は見出されなかったことがわかった。

第2に，利他的行動の4類型それぞれについて結果を検討したところ，男女

すべてでの比較では，直接型と間接型，社会関係型の3つにおいては，日本工場よりも中国工場の方が有意に高い平均得点を示し，残る1類型である理念型行動については，中国工場よりも日本工場の方が有意に高い平均得点を示していることが明らかになった。中国工場は3つの類型で日本工場よりも高得点をマークしているにも関わらず，理念型行動の得点が非常に低水準のため，全体としては，日本工場と同水準の得点となっていたのである。

この結果について，「国民国家」レベルの文化という観点から，中国人工員は，組織における利他的行動を，自らの「面子」や「関係」にとってどのような利益をもたらすかという観点で捉え，直接型のように派手で自分から積極的に他者に貢献していくタイプの行動や，間接型のように他者に迷惑をかけたりミスをするなどして自らの能力を疑われたりしないようにするタイプの行動，そして，社会関係型のように自らが大事に思っている対象に対する貢献行動を多く行い，理念型行動のような，貢献対象が明確ではなく，目立たず消極的なタイプの行動はあまり行わないという行動パターンをとっていると解釈した。

第3に，男女別に分けてそれぞれの平均得点の比較を行った。各類型の平均得点を比較すると，女性のみの比較で間接型行動に有意差が見られなかったことを除き，男女別にデータを分けても，理念型行動は日本工場の得点が非常に高い一方で中国工場の得点が非常に低く，残りの3類型では中国工場の方が高得点を示すという傾向は同じであった。

第4に，その平均得点の開きの程度を比較すると，男性同士の比較よりも女性同士で比較を行った場合の方が上述の理念型行動の得点差がより顕著であるという興味深い新たな発見事実が得られた。

次に，日本工場の平均値が高く中国工場との間に大きな差が認められた年齢と勤続期間という2つの項目に着目して，この2項目と試作版利他的行動尺度の得点比較で顕著な日中差が見出された理念型行動の関係を調べるために，相関分析を行ったところ，第1に，年齢と勤続期間はいずれも理念型行動と有意な相関関係にあることが明らかになった。

第2に，男女別の相関係数を算出したところ，その相関関係は，女性だけの

データにおいてより強くなることがわかった。

　第3に，年齢と勤続期間を交互にコントロールしつつ，それらの項目と理念型行動との間の偏相関係数の算出を行ったところ，年齢をコントロールした場合，勤続期間と理念型行動の間には，すべての項目において1％水準の有意な中程度の正の相関関係が見られ，逆に，勤続期間をコントロールした場合，年齢と理念型行動の間に有意な相関関係はまったく見られなくなるという結果が得られた。この分析により，年齢と理念型行動との間の相関関係は疑似相関である可能性が高く，理念型行動と真の相関関係をもつのは勤続期間であると考えられることが明らかになった。

　今回得られた分析結果の中でも，特に勤続期間と利他的行動の正の関係についての知見は，経営学にとって非常に大きなインパクトをもたらし得るものである。今回の研究はあくまでも製造業1企業を対象としたものであり，分析手法も相関分析レベルに止まるものではある。しかし，業種や仕事内容，企業文化，経営理念等の差異に関わらず，長期勤続は，組織が成員から望ましい貢献（＝利他的行動）を引き出すためにプラスに働く要因となっていると普遍化できる可能性があると考えれば，組織の経営，中でも人的資源管理という文脈において，雇用制度の在り方，ひいては，長年にわたり日本的経営の特徴とされてきた終身雇用制度の是非や強み，今後の在り方といった議論にも影響が及んでくることになる。

　そうしたことを踏まえて，成員の組織における利他的行動を規定する要因についてさらに精緻な考察を行い，筆者がこれまで主に研究を進めてきた「国民国家」レベルの文化をはじめとして，組織市民行動を中心とする関連分野の既存研究において重要視されてきた要因（年齢や勤続期間，職務満足，組織コミットメント等）と利他的行動の関係を整理して，組織において利他的行動が行われるメカニズムをよりよく説明できる新しいモデルを構築すること，そしてそのモデルの正しさを実証することが今後の課題である。

　そうすることによって，国内での企業経営に対してインプリケーションを提供できるのみならず，日本企業が海外進出を行う際に，いかにしてその強みを

海外移転していくかといった事柄についても有益なインプリケーションを提供できると考えられる。

# 参考文献

Allen, N.J., & Meyer, J.P.（1990）"The measurement and antecedents of affective, continuance, and normative commitment to the organization," *Journal of Occupational Psychology*, Vol.63（1）, pp.1-18.
Barnard, C.I.（1938）*The Functions of the Exective*, Cambridge, Mass.：Harvard University Press.
Bateman, T.S. & Organ, D.W.（1983）"Job satisfaction and the good soldier：The relationship between affect and employee citizenship," *Academy of Management Journal*, Vol.26, pp.587-595.
Becker, G.S.（1981）"Altruism in the Family and Selfishness in the Market Place," *Economica*, Vol.48, pp.1-15.
Benedict, R.F.（1946）*The Chrysanthemum and the Sword : Patterns of Japanese Culture*, Houghton Mifflin.（長谷川松治訳（2005）『菊と刀 ―日本文化の型』講談社.）
Blau, P.M.（1964）*Exchange and Power in Social Life*, John Wiley & Sons.（間場寿一・居安正・塩原勉共訳（1974）『交換と権力 社会過程の弁証法社会学』新曜社.）
Bradley, F. H.（1876）*Ethical studies*, Oxford, The Clarendon Press.
Brayfield, A.H., & Crockett, W.H.（1955）"Employee attitudes and employee performance," *Psychological Bulletin*, Vol.52, pp.396-424.
陳舜臣（1984）『日本人と中国人』集英社文庫.
Cohen-Charash, Y., & Spector, P.E.（2001）"The role of justice in organizations：A meta-analysis,"*Organizational Behavior and Human Decision Processes*, Vol.86, pp.278-321.
Collard, D.（1978）*Altruism and Economy*, Oxford University Press.
Colquitt, J.A., Conlon, D.E., Wesson, M.J., Porter, C.O.L.H, & Ng, K.Y.（2001）"Justice at the millennium：A meta-analystic review of 25 years of organizational justice research," *Journal of Applied Psychology*, Vol.86, pp.425-445.
Comte, A.（1830-1842）*Cours de philosophie positive*.
Comte, A.（1875）*System of positive policy Vol.1*, London：Longmans, Green & Co.（Original 1851）
Dawkins, R.（1976）*The Selfish Gene*, Oxford University Press.（日高俊隆・岸由二・羽田節子・垂水雄二訳（1991）『利己的な遺伝子』紀伊国屋書店.）

土居健郎（1971）『甘えの構造』弘文堂.

Eisenberger, R., Huntinton, R., Hitchinson, S., & Sowa, D. (1986) "Perceived organizational support," *Journal of Applied psychology*, Vol.71, pp.500-507.

船橋洋一（1983）『内部 ―ある中国報告』朝日新聞社.

Greenberg, J. (1987) "A taxonomy of organizational justice theories," *Academy of Management Review*, Vol.12, pp.1-22.

Greenberg, J. (1990) "Organizational justice : Yesterday, today, and tomorrow," *Journal of Management*, Vol.16, pp.399-432.

Hamilton, W. (1964) "The genetical evolution of social behavior," *Journal of Theoretical Biology*, Vol.12, pp.1-52.

Hoffman, K.D. & Ingram, T.N. (1992) "Service provieder job satisfaction and customer oriented performance," *Journal of Service Marketing*, vol.6, 2.

Hofstede, G. (1980) *Culture's Consequences : International Differences in Work-Related Values*, Beverly Hills, California, Sage Publications.（萬成博・安藤文四郎監訳（1984）『経営文化の国際比較 ―多国籍企業の中の国民性』産業能率大学出版部.）

Hofstede, G. (1991) *Cultures and Organizations : Software of the mind*, McGraw-Hill.（岩井紀子・岩井八郎訳（1995）『多文化世界 違いを学び共存への道を探る』有斐閣.）

Iaffaldano, M.T., & Mucinsky, P.M. (1985) "Job satinfaction and job performance : A metaanalysis," *Psychological Bulletin*, Vol.97, pp.251-273.

金井壽宏・高橋潔（2004）『組織行動の考え方』東洋経済新報社.

Katz, D. (1964) "The motivational basis of organizational behavior," *Behavioral Science*, Vol.9, pp.131-146.

Katz, D., and Kahn, R.L. (1966) *The social psychology of organizations*, New York : Wiley.

Locke, E.A. (1976) "Nature and causes of job satisfaction," In M.D. Dunnette (Ed.), *The Handbook of Industrial and Organizational Psychology*, pp.1297-1349.

Lorsch, J.W., Morse, J.J. (1974) *Organizations and their members:a contingency approach*, Harper & Row NewYork.

Moorman, R.H. (1993) "The influence of cognitive and affective based job satisfaction measures on the relationship between satisfaction and organizational citizenship behavior," *Human Relations*, Vol.46, pp.759-776.

Moorman, R.H., Blakely, G.L., & Niehoff, B.P. (1998) "Does perceived organizational support mediate the relationship between procedural justice and organizational citizenship behavior?," *Academy of Management Journal*, Vol.41, pp.351-357.

Mowday, R.T., Porter, L.W. & Steees, R.M. (1982) *Employee organizations linkages : The psychology of commitment, absenteeism, and turnover*. New York : Academic Press.

Mueller, D.C. (1986) "Rational egoism versus adaptive theory of human behavior," *Public Choice*, Vol.51, pp.3-23.

Niehoff, B.P., & Moorman, R.H. (1993) "Justice as a mediator of the relationship between methods of monitoring and organizational citizenship behavior," *Academy of Management Journal*, Vol.36, pp.527-556.

新村出編（2008）『広辞苑　第六版』岩波書店.

西田豊昭（1997）「企業における組織市民行動に関する研究」『経営行動科学』第11巻2号, pp.101-122.

西田豊昭（2000）「職務満足，組織コミットメント，組織公正性,OCBが職場の有効性に及ぼす影響」『経営行動科学』第13巻3号, pp.137-158.

Norman, R. (1998) *Moral Philosophers : An Introduction to Ethics, Second Edition*, Oxford University Press.（塚崎智・石崎嘉彦・樫則章訳（2001）『道徳の哲学者たち　―倫理学入門　第2版』ナカニシヤ出版.）

奥井秀樹（2004）「利他的行動研究　―そのメカニズムと組織論的展開―」『日本経営システム学会誌』, Vol.20, N0.2, pp.63-71.

奥井秀樹（2005）「日本の企業組織における利他性の研究　―雇用制度と文化の影響について―」神戸大学大学院経営学研究科博士論文, pp.1-86.

奥井秀樹（2007）「企業組織における利他的行動　―日中の国際比較調査を通じて―」『日本経営システム学会誌』, Vol.24, N0.1, pp.9-18.

奥井秀樹（2009a）「日本企業の本質と利他的行動　―利他的行動尺度の試作を通じて―」『日本経営システム学会誌』, Vol.26, N0.1, pp.27-32.

奥井秀樹（2009b）「利他的行動理論の実証研究への適用　―その方法論的課題と解決―」『大阪国際大学国際研究論叢』, Vol.23, N0.1, pp.49-61.

奥井秀樹（2011）「日中国民の組織における利他性と行動パターン　―2004年比較調査結果の再考―」『日本経営システム学会誌』, Vol.27, N0.3, pp.63-70.

奥井秀樹（2012）「組織市民行動（OCB）研究についての一考察　―その現状と問題点―」『久留米大学　商学研究』17巻3・4合併号, pp.41-59.

大久保喬樹（2003）『日本文化論の系譜』中央公論新社.

Organ, D.W. (1988) *Organizational Citizenship Behavior : The Good Soldier Syndrome*, Lexington, M.A, Lexington Books.

Organ, D.W. (1990) "The motivational basis of organizational citizenship behavior," *Research in Organizational Behavior*, Vol.12, pp.43-72.

Organ, D.W. & Ryan, K. (1995) "A meta-analytic review of attitudinal and dispositional predictors of organizational citizenship behavior", *Personnel Psychology*, Vol.48, pp.775-802.

大里大助・高橋潔（2001）「わが国における職務満足研究の現状 ―メタ分析による検討―」『産業組織心理学研究』第15巻, pp.55-64.

Plato, *Politeia*（藤沢令夫訳（1979）『国家』岩波文庫.）

Podsakoff, P.M., MacKenzie, S.B., & Hui, C. (1993) "Organizational citizenship behaviors and managerial evaluations of employee performance : A review and suggestions for future research," *Research in personnel and human resources management*, vol.11, pp.1-40.

Randall, M.L., Cropanzano, R., Borman, C.A., & Birjulin, A. (1999) "Organizational politics and organizational support as predictors of work attitudes, job performance, and organizational citizenship behavior," *Journal of Organizational Behavior*, Vol.20, pp.159-174.

林語堂著・鋤柄治郎訳（1992）『我が中国論抄』星雲社.

崔世廣「「意」の文化と「情」の文化」（王敏編著（2004）『〈意〉の文化と〈情〉の文化 中国における日本研究』中央公論新社, 第4章, pp.196-211.）

Scholl, R.W. (1981) "Dfferentiating organizational commitment from expectancy as a motivating force," *Academy of Management Review*, Vol.6, pp.589-599.

Schwab, D.P., & Cummings, L.L. (1970) "theories of performance and satisfaction : A review," *Industrial Relations*, Vol.9, pp.408-430.

清水徳蔵（1984）『中国的思考と行動様式 ―現代中国論』春秋社.

Shore, L.M., & Wayne, S.J. (1993) "Commitment and employee behavior : Comparison of affective commitment and continuance commitment with perceived organizational support," *Journal of Applied Psychology*, Vol.78, pp.774-780.

Smith, A. (1776) *An inquiry into the nature and causes of the wealth of nations*, London.（水田洋監訳・杉山忠平訳（2000）『国富論』岩波文庫.）

Smith, C.A., Organ, D.W., & Near, J.P. (1983) "Organizational citizenship behavior:Its nature and antecedents," *Journal of Applied Psychology*, Vol.68, pp.653-663.

Sombart, W.（1922）*Liebe, Luxus und Kapitalismus.*（金森誠也訳（2000）『恋愛と贅沢と資本主義』講談社.）

薗田茂人（2001）『中国人の心理と行動』NHK出版.

末田清子（1993）「中国人が持つ面子の概念と日本人とのコミュニケーション」『年報社会学論集』第6号, pp.191-202.

田中堅一郎・林洋一郎・大渕憲一（1998）「組織シチズンシップ行動とその規定要因についての研究」『経営行動科学』第12巻2号, pp.125-144.

田中堅一郎（2002）「日本版組織市民行動尺度の研究」『産業・組織心理学研究』第15巻2号, pp.77-88.

田中堅一郎（2004）『従業員が自発的に働く職場をめざすために ―組織市民行動と文脈的

業績に関する心理学的研究―』ナカニシヤ出版.
高橋弘司「態度の測定（Ⅰ）：職務満足」（渡辺直登・野口裕之編著（1999）『組織心理測定論 ―項目反応理論のフロンティア―』白桃書房，第4章，pp.107-130.）
高橋弘司「態度の測定（Ⅱ）：組織コミットメント」（渡辺直登・野口裕之編著（1999）『組織心理測定論 ―項目反応理論のフロンティア―』白桃書房，第5章，pp.131-154.）
Tyler, T.R., & Lind, E.A. (1992) "A relational model of authority in groups," In M.P. Zanna (Ed.), *Advances in experimental social psychology*, Vol.25, pp.115-191, New York：Academic Press.
Tyler, T.R. (1993) "The social psychology of authority," In J.K. Murninghan (Ed.), *Social Psychology in organizations : Advances in theory and research*, pp.141-160, Prentice Hall.
Tyler, T.R., Degoey, P., & Smith, H. (1996) "Understanding why the justice of group procedures matters：A test of the psychological dynamics of the group value model," *Journal of Personality and Social Psychology*, Vol.70, pp.913-930.
内山完造（1979）『中国人の生活風景』東方選書.
Vroom, V.H. (1964) *Work and Motivation*, New York：John Wiley and Sons.（坂下昭宣・榊原清則・小松陽一・城戸康彰共訳（1982）『ヴルーム・仕事とモティベーション』千倉書房.）
王敏編著（2004）『〈意〉の文化と〈情〉の文化　中国における日本研究』中央公論新社.
Wayne, S.T., Shore, L.M., & Liden, R.C. (1997) "Perceived organizational support and leader-member exchange：A social exchange perspective," *Academy of Management Journal*, Vol.40, pp.82-111.
Weber, M. (1920) *Die protestantische Ethik und der Geist des Kapitalismus*.（大塚久雄訳（1989）『プロテスタンティズムの倫理と資本主義の精神』岩波文庫.）
Weiner, Y. (1982) "Commitment in organizations：A normative view," *Academy of Management Review*, vol.7, pp.418-428.
Weiss, D.J., Dawis, R.V., England, G.W., & Lofquist, L.H. (1967) *Manual for the Minnesota Satisfaction Questionnaire (Minnesota Studies in Vocational Rehabilitation XXII)*, Minneapolis, MN：University of Minnesota, Work Adjustment Project, Industrial Relations Center.
Williams, L.J., & Anderson, S.E. (1991) "Job satisfaction and organizational commitment as predictors of organizational citizenship and in-role behaviors," *Journal of Management*, vol.17, pp.601-607.

# 付　録

**日中国際比較調査の質問票**

〈質問票の構成〉

　日本語版・中国語版ともに質問票の構成は以下の通りである。なお，調査の都合上，質問票には本書で使用していない別の研究計画用の質問項目も含まれている。

　質問1＝デモグラフィックな要因に関する質問項目
　質問2＝日本版組織市民行動尺度（田中，2002）
　質問3＝組織コミットメント尺度（Allen & Meyer, 1990）
　　　　　高橋（1999）による日本語翻訳版を使用
　質問4＝パーソナリティ尺度（Lorsch&Morse, 1974）
　　　　「曖昧性許容度」（項目1～7，3・4・7は逆転尺度）
　　　　「権威否定的態度」（項目8～14，10・14は逆転尺度）
　　　　「独立度」（項目15～21，17・21は逆転尺度）
　質問5＝職務満足感尺度（MSQ短縮版）（Weiss et al., 1967）
　　　　　高橋（1999）による日本語翻訳版を使用

# 職場での意識と行動についてのアンケート調査

神戸大学大学院経営学研究科

● お願い

　この調査は，皆さんの職場での意識と行動をお聞きするものです。今回の調査の結果は，日本及び中国における組織運営のあり方について考えるための貴重な資料として活用させていただきます。何卒，ご協力のほどをお願い申し上げます。

● 回答の方法

1. このアンケートの回答所要時間は約10分程度です。回答は，アンケート用紙にそのまま記入してください。アンケート用紙はそのまま回収いたしますので，回収封筒に入れ，封をした上で，下記の担当者までご提出ください。

2. 回答番号を選ぶ設問では，特に断りのないかぎりは，番号を1つだけ選ぶようにしてください。アンケートに記載されている番号にそのまま✓または○をつけてください。

3. 回答内容は，すべて集団データとして統計的に処理しますので，個人のプライバシーが外部に漏れることはありません。また，アンケート用紙は神戸大学の担当者が管理し，個別の回答内容を御社の社員の方にお見せすることはございません。

4. この調査には，正解や誤りがあるわけではありませんので，自分の思うことを，ありのままお答えください。

・何かご不明な点がありましたら，下記の担当者までご連絡ください。

〈調査に関する連絡先〉
神戸大学大学院経営学研究科
　　　　　　　　　奥井秀樹　　　劉建英　　　袁秋襄

★以下の質問について，下線部や空欄には記入を，番号には特に指定がない場合，該当するもの一つに○をつけてください。

1　年齢　　　　満_____才

2　性別　　　　①男性　　　②女性

3　婚姻状況　　①既婚　　　②未婚

4　最終学歴　　①中学卒　　②高校卒　　③短大・専門学校卒　　④大学卒
　　　　　　　⑤大学院卒　⑥その他（　　　　　　　　）

5　所属●●●●名　（　　　　　　　　　　　）

　　そこでの職位（複数回答可）　①●●●●●●　②班長　③係長　④課長
　　　　　　　　　　　　　　　⑤一般工員　　⑥その他（　　　　　　　　）

6　この会社に就職したのはいつですか？（西暦でお答えください）
　　西暦_____年_____月

7　現在の雇用形態をお答えください。
　　①正社員　　②パート・アルバイト　　③派遣社員
　　④契約社員　⑤その他（　　　　　　　）

8　過去に他の企業（組織）で働いていた経験はありますか？
　　①有　　　　・　　　②無

9　上の質問で有と回答した方は，その期間をお答えください。（最近のものから）
　　①西暦_____年_____月　から
　　　西暦_____年_____月　まで

　　②西暦_____年_____月　から
　　　西暦_____年_____月　まで

質問2　あなたは今の職場で次のような行動をどの程度行っていますか？

| | | まったく行わない | どちらかといえば行わない | どちらともいえない | どちらかといえば行う | つねに行う |
|---|---|---|---|---|---|---|
| 1 | 多くの仕事を抱えている人の手助けをする。 | 1 | 2 | 3 | 4 | 5 |
| 2 | 休んでいる人の仕事を代わりに手伝ってあげる。 | 1 | 2 | 3 | 4 | 5 |
| 3 | 自分から積極的に仕事を見つける。 | 1 | 2 | 3 | 4 | 5 |
| 4 | 自分の仕事に注意を行き届かせる。 | 1 | 2 | 3 | 4 | 5 |
| 5 | 自分の周りにいる同僚や部下，上司に手を貸せるようにいつも準備している。 | 1 | 2 | 3 | 4 | 5 |
| 6 | 他の部署にいる人の仕事を助けてあげる。 | 1 | 2 | 3 | 4 | 5 |
| 7 | 昼休みや休息時間を長くとりすぎないよう努める。 | 1 | 2 | 3 | 4 | 5 |
| 8 | 同僚の仕事上のトラブルを進んで手助けする。 | 1 | 2 | 3 | 4 | 5 |
| 9 | 不必要に仕事の手を休めないよう心がける。 | 1 | 2 | 3 | 4 | 5 |
| 10 | 自分の意見を職場の人たちに押しつけない。 | 1 | 2 | 3 | 4 | 5 |
| 11 | 仕事中は無駄な会話で時間をつぶさないようにする。 | 1 | 2 | 3 | 4 | 5 |
| 12 | 上司の仕事であっても進んで手伝う。 | 1 | 2 | 3 | 4 | 5 |
| 13 | 仕事上のささいなことに対して，くどくど不平を言わないようにする。 | 1 | 2 | 3 | 4 | 5 |
| 14 | 仕事中に必要以上の休息をとらないようにする。 | 1 | 2 | 3 | 4 | 5 |
| 15 | 仕事上のトラブルを抱えている人を，進んで手助けする。 | 1 | 2 | 3 | 4 | 5 |
| 16 | 会社（組織）の備品や消耗品を無駄使いしないよう努める。 | 1 | 2 | 3 | 4 | 5 |
| 17 | 職場の人に迷惑にならないように注意して行動する。 | 1 | 2 | 3 | 4 | 5 |
| 18 | 一度受けた仕事は最後まで責任をもって実行する。 | 1 | 2 | 3 | 4 | 5 |
| 19 | 他の部署を尋ねに来た訪問者の応対をする。 | 1 | 2 | 3 | 4 | 5 |
| 20 | 同僚や部下からの疑問や質問には，丁寧に答える。 | 1 | 2 | 3 | 4 | 5 |
| 21 | 仕事で間違いに気がついたらすぐにそれを正す。 | 1 | 2 | 3 | 4 | 5 |
| 22 | 個人的に得た有益な情報を，適切なときに職場に提供する。 | 1 | 2 | 3 | 4 | 5 |
| 23 | 自分の会社（組織）が開催するイベントの情報を自主的に紹介する。 | 1 | 2 | 3 | 4 | 5 |

⇒質問2続き　あなたは今の職場で次のような行動をどの程度行っていますか？

|  |  | まったく行わない | どちらかといえば行わない | どちらともいえない | どちらかといえば行う | つねに行う |
|---|---|---|---|---|---|---|
| 24 | 社内報や掲示物にまめに目を通して，社内の最新事情を知っておく。 | 1 | 2 | 3 | 4 | 5 |
| 25 | 仕事の場以外でも積極的に自分の会社（組織）を宣伝する。 | 1 | 2 | 3 | 4 | 5 |
| 26 | 職場では自分の身の回りをきれいに掃除する。 | 1 | 2 | 3 | 4 | 5 |
| 27 | 参加が義務づけられていなくても，会社（組織）が主催する行事や祭典には参加する。 | 1 | 2 | 3 | 4 | 5 |
| 28 | 仕事上の役割を果たすためには，家庭も犠牲にする。 | 1 | 2 | 3 | 4 | 5 |
| 29 | 会社（組織）の新しい展開や内部の事情を，いち早く知るように努める。 | 1 | 2 | 3 | 4 | 5 |
| 30 | 優秀な人材を自分の会社（組織）に入るように勧める。 | 1 | 2 | 3 | 4 | 5 |
| 31 | 職場では机はいつもきれいにし，汚さないように努める。 | 1 | 2 | 3 | 4 | 5 |
| 32 | 仕事の時間以外でも，顧客が会社（組織）に対して良い印象をもってもらえるよう努力する。 | 1 | 2 | 3 | 4 | 5 |
| 33 | 文具品・消耗品を使いやすいように整理し，配置する。 | 1 | 2 | 3 | 4 | 5 |

質問3　次の項目について，あなたはどう思いますか？

|  |  | そう思わない | どちらかといえばそう思わない | どちらでもない | どちらかといえばそう思う | そう思う |
|---|---|---|---|---|---|---|
| 1 | 私の仕事生活（キャリア）を，いまの会社で過ごせたら，とても幸せだ。 | 1 | 2 | 3 | 4 | 5 |
| 2 | 私は，会社の外の人に，自分の会社のことを話すのが楽しい。 | 1 | 2 | 3 | 4 | 5 |
| 3 | いま会社を辞める決意をしたら，私の人生のきわめて多くが崩れてしまうだろう。 | 1 | 2 | 3 | 4 | 5 |
| 4 | 私がこの会社に勤めている大きな理由は，ほかの会社に入っても，ここでもらっているだけの報酬が得られないからだ。 | 1 | 2 | 3 | 4 | 5 |
| 5 | 最近の人は，あまりにもひんぱんに転職をしすぎると思う。 | 1 | 2 | 3 | 4 | 5 |
| 6 | 私が，この会社で働くことに，道徳的な義務を感じている。 | 1 | 2 | 3 | 4 | 5 |
| 7 | 私は，会社という「家族」の一員になっているように思う。 | 1 | 2 | 3 | 4 | 5 |

⇒

⇒質問3続き　次の項目について，あなたはどう思いますか？

| | | そう思わない | どちらかといえばそう思わない | どちらでもない | どちらかといえばそう思う | そう思う |
|---|---|---|---|---|---|---|
| 8 | 私はこの会社に，愛情を感じていると思う。 | 1 | 2 | 3 | 4 | 5 |
| 9 | 私は，「従業員はつねに自分の会社に忠誠心を持たなければならない」と思っている。 | 1 | 2 | 3 | 4 | 5 |
| 10 | 会社から会社へと渡り歩くことは，倫理に反すると思う。 | 1 | 2 | 3 | 4 | 5 |
| 11 | この会社は，私にとって個人的に重要な意味を持っている。 | 1 | 2 | 3 | 4 | 5 |
| 12 | 私は，自分の会社の一員なのだ，と強く感じることがある。 | 1 | 2 | 3 | 4 | 5 |
| 13 | この会社を辞めるなんて，自分には考えられないことだ。 | 1 | 2 | 3 | 4 | 5 |
| 14 | たとえ私がこの会社をいますぐに辞めようと思っても，実際に辞めるのはとても難しい。 | 1 | 2 | 3 | 4 | 5 |
| 15 | 私は，ほかの会社からもっとよい仕事を提示されても，この会社を辞めないだろう。 | 1 | 2 | 3 | 4 | 5 |
| 16 | いま会社を辞めたら，損をするように思う。 | 1 | 2 | 3 | 4 | 5 |
| 17 | いま，この会社に勤めている理由は，勤めたいからではなく，勤める必要があるからだ。 | 1 | 2 | 3 | 4 | 5 |
| 18 | 私が会社を辞めたとしたら，代わりの勤め先が見つからずに困るだろう。 | 1 | 2 | 3 | 4 | 5 |
| 19 | この会社を辞めたら，ほかに仕事のあてがないかもしれないが，私は別にかまわない。 | 1 | 2 | 3 | 4 | 5 |
| 20 | 私は，この会社の問題を，まるで自分自身の問題であるかのように感じている。 | 1 | 2 | 3 | 4 | 5 |
| 21 | ほかの会社に替わっても，いまの会社へと同じくらい容易に，その会社に適応できると思う。 | 1 | 2 | 3 | 4 | 5 |
| 22 | 私は，「自分の会社に忠誠心を持つように」と言われた。 | 1 | 2 | 3 | 4 | 5 |
| 23 | ひとつの会社にずっと勤めるほうが，残りの仕事生活（キャリア）を有効に過ごせると思う。 | 1 | 2 | 3 | 4 | 5 |
| 24 | 「会社人間」になりたがるのは，賢明なことである。 | 1 | 2 | 3 | 4 | 5 |

付　　録　159

質問4　次の項目について，あなたはどう思いますか？

| | | そう思わない | どちらかといえばそう思わない | どちらかといえばそう思う | そう思う |
|---|---|---|---|---|---|
| 1 | 急速に変化する状況の中で暮らすことが最も興味深い生活である。 | 1 | 2 | 3 | 4 |
| 2 | たとえ，どうなるか分からなくとも，とにかく古いことに固執せず，新しいことをはじめるべきだ。 | 1 | 2 | 3 | 4 |
| 3 | 日々，仕事の上で起こる出来事を詳しく知るのは満足なことである。 | 1 | 2 | 3 | 4 |
| 4 | 休暇の計画を立てるとき，本当に楽しく時を過ごすつもりであるならば，きちんとした予定を用意するべきである。 | 1 | 2 | 3 | 4 |
| 5 | 冒険と探求の心を持つ人の方が，系統的で整然と振舞う人々より，多くの可能性を秘めている。 | 1 | 2 | 3 | 4 |
| 6 | ひとつの問題が解決すれば，次の問題に直面するような問題の多い生活が本当に満足のいく暮らしである。 | 1 | 2 | 3 | 4 |
| 7 | 同じ場所で，同じことを長い期間行うことは，幸せなことである。 | 1 | 2 | 3 | 4 |
| 8 | 教師が，生徒に決められた学習方法を使うように強要することは，生徒達の学習の妨げである。 | 1 | 2 | 3 | 4 |
| 9 | 全ての事柄において，政府や社会による統制は，必要最低限であることが最良である。 | 1 | 2 | 3 | 4 |
| 10 | 最善の仕事をするためには，緊密な管理・監督が必要である。 | 1 | 2 | 3 | 4 |
| 11 | 他者からの提案は歓迎するべきであるが，しかし，妥当なものであっても命令に対しては憤慨するべきである。 | 1 | 2 | 3 | 4 |
| 12 | 子供でさえもが，自分がどうしなければならないかということをよくわかっており，彼らの父母が，それを1番わかっているというわけではない。 | 1 | 2 | 3 | 4 |
| 13 | なにごとも確認することを強要する学校は，創造性を抑制する。 | 1 | 2 | 3 | 4 |
| 14 | 良い仕事をするためには，どうすればよいか頻繁に指示を仰がなくてはならない。 | 1 | 2 | 3 | 4 |
| 15 | 自分のした仕事に対して満足しているなら，例え同僚からそれを批判されてもうろたえてはいけない。 | 1 | 2 | 3 | 4 |
| 16 | グループで仕事をするより，一人で働いた方が，より早く，よりうまく仕事をすることができる。 | 1 | 2 | 3 | 4 |
| 17 | 自分の行動について他人がどう考えているかは，非常に重大なことである。 | 1 | 2 | 3 | 4 |
| 18 | 友人達と一緒にビーチブランケットに座るよりも，ひとりで砂浜に沿って歩いている方が良い。 | 1 | 2 | 3 | 4 |
| 19 | 友人と休暇中のことについて話すより，楽しい本を読む方が，満足できる。 | 1 | 2 | 3 | 4 |
| 20 | 人だかりができていても，自分にとってあまり意味がないなら，決してつられて行くべきではない。 | 1 | 2 | 3 | 4 |
| 21 | ある異性を愛していたとしても，友人がその異性を認めないならば，結婚するべきでない。 | 1 | 2 | 3 | 4 |

質問5 あなたは，仕事をしているなかで以下の項目についてどの程度満足していますか？

| | | 満足していない | あまり満足していない | どちらでもない | 少し満足している | 満足している |
|---|---|---|---|---|---|---|
| 1 | やるべき仕事がいつもあること。 | 1 | 2 | 3 | 4 | 5 |
| 2 | 自律的に仕事ができる機会。 | 1 | 2 | 3 | 4 | 5 |
| 3 | 私の同僚（仕事仲間）と，おたがいに仲良くやっていくこと。 | 1 | 2 | 3 | 4 | 5 |
| 4 | よい仕事をしたときに受ける賞賛。 | 1 | 2 | 3 | 4 | 5 |
| 5 | 自分の仕事から得られる達成感。 | 1 | 2 | 3 | 4 | 5 |
| 6 | 私の上司の，部下（私）の扱いかた。 | 1 | 2 | 3 | 4 | 5 |
| 7 | ほかの人に何かをするように命令すること。 | 1 | 2 | 3 | 4 | 5 |
| 8 | 私の能力を活用して，何かをする機会があること。 | 1 | 2 | 3 | 4 | 5 |
| 9 | 会社の方針に従って自分の仕事をすること。 | 1 | 2 | 3 | 4 | 5 |
| 10 | 仕事の量に対する給料の額。 | 1 | 2 | 3 | 4 | 5 |
| 11 | 私の上司が，ものごとを判断・決定する能力。 | 1 | 2 | 3 | 4 | 5 |
| 12 | 自分の良心に反しない仕事ができること。 | 1 | 2 | 3 | 4 | 5 |
| 13 | その時どきに違った仕事ができること。 | 1 | 2 | 3 | 4 | 5 |
| 14 | 会社で，「仕事がよくできる人」「役に立つ人物」として認められること。 | 1 | 2 | 3 | 4 | 5 |
| 15 | 仕事をするときに，自分独自のやり方を試してみる機会。 | 1 | 2 | 3 | 4 | 5 |
| 16 | 仕事の環境（光熱・換気など）。 | 1 | 2 | 3 | 4 | 5 |
| 17 | よい仕事をすれば，クビにならずにずっと勤め続けられること。 | 1 | 2 | 3 | 4 | 5 |
| 18 | ほかの人をサポートする機会。 | 1 | 2 | 3 | 4 | 5 |
| 19 | いまの仕事での，昇進のチャンス。 | 1 | 2 | 3 | 4 | 5 |
| 20 | 自分自身で，（仕事上の）判断ができる自由。 | 1 | 2 | 3 | 4 | 5 |

以上でアンケートは終了です。ご協力ありがとうございました。
記入もれがないかご確認の上，回収封筒に入れて担当者にご提出ください。

# 关于职场意识和行动的问卷调查

神户大学大学院经营学研究科

● 目　　的

　　此调查是关于大家在职场中的意识和行动的调查。此次调查的结果将作为思考中国和日本的组织运营方式的重要材料使用。请积极配合。

● 填写方法

1．回答此问卷需 10 分钟左右。请把您的答案直接填写在问卷上。回答完毕后，请把问卷装入回收信封并封口，最后交给回收人员。

2．选择题如果没有特别的需要，请只做一个选择。请直接在问卷上用 ✓ 或者 ○ 表示。

3．对于大家回答的内容、将用集体统计的方式进行处理。绝对不会泄漏您的个人信息。此外，此问卷由神户大学负责管理，绝对不会把您所回答的内容泄露给贵公司。

4．此问卷的回答没有正误之分。请如实填写您的想法。

· 如有任何不明白的地方，请咨询下述人员。

```
〈此调查的实施人员〉
    神户大学大学院经营学研究科
                奥井秀樹      袁秋襄      劉建英
```

★请回答以下问题，如是下划线或空格，请填写；
　如是选择题，无特殊要求的话，请用✓选择。

1　年　龄　　　满 _____ 岁

2　性　别　　　①男性　　　②女性

3　婚姻状况　　①已婚　　　②未婚

4　最终学历　　①初高中毕业　②职业技术学校毕业　③中专　④大专
　　　　　　　⑤大学毕业　　⑥其它（　　　　　）

5　请回答您现在所属的部门　①●●●●●　②●●　③●●　④●●
　　　　　　　　　　　　　⑤其它（　　　　　）
・此问题中，请●●●●●的员工，写出您的●●●的名称和您所担任的职位

　　所属●●●　（●●・●●・●●・●●●・●●●・●●・●●）
　　职位　　　（●●●●　・班组长・一般员工）

6　您从什么时候开始在●●●●工作？（请按阳历回答）
　　　阳历 _____ 年 _____ 月

7　请回答您现在的受雇用形态　①正式员工，②反聘员工，③劳务工，
　　　　　　　　　　　　　　④其它（　　　　）

8　请回答您现在的职务　　（　　　　　　　　　　　　　）

9　您过去在其它日资公司里工作过吗？

　　　　　　　　　　有　　・　　无

10　有其它日资公司工作经验的员工，请写出您在该公司工作的期间
　　①阳历 _____ 年 _____ 月　至　阳历 _____ 年 _____ 月
　　②阳历 _____ 年 _____ 月　至　阳历 _____ 年 _____ 月

问题 2　你在现在的职场中，在多大程度上采取了下述行为？

| | | 完全没有 | 应该说没有 | 说不清楚 | 应该说有 | 经常有 |
|---|---|---|---|---|---|---|
| 1 | 帮助工作多的人 | 1 | 2 | 3 | 4 | 5 |
| 2 | 替休息的人工作 | 1 | 2 | 3 | 4 | 5 |
| 3 | 主动找工作做 | 1 | 2 | 3 | 4 | 5 |
| 4 | 对自己的工作给与周密的注意 | 1 | 2 | 3 | 4 | 5 |
| 5 | 时刻准备着帮助周围的同事，下属和上司 | 1 | 2 | 3 | 4 | 5 |
| 6 | 支援其他部门的人的工作 | 1 | 2 | 3 | 4 | 5 |
| 7 | 午休和其它休息时间尽量不过长 | 1 | 2 | 3 | 4 | 5 |
| 8 | 主动帮忙解决同事在工作上遇到的问题 | 1 | 2 | 3 | 4 | 5 |
| 9 | 注意不在工作中过多地停手 | 1 | 2 | 3 | 4 | 5 |
| 10 | 不把自己的意见强加给同事 | 1 | 2 | 3 | 4 | 5 |
| 11 | 在工作时不通过闲谈消磨时间 | 1 | 2 | 3 | 4 | 5 |
| 12 | 即使是上司的工作也能主动去帮忙 | 1 | 2 | 3 | 4 | 5 |
| 13 | 对工作上的细节不发牢骚 | 1 | 2 | 3 | 4 | 5 |
| 14 | 在工作时不过多休息 | 1 | 2 | 3 | 4 | 5 |
| 15 | 主动帮助工作上遇到问题的人 | 1 | 2 | 3 | 4 | 5 |
| 16 | 尽量不浪费公司（组织）的备件和消耗品 | 1 | 2 | 3 | 4 | 5 |
| 17 | 注意不给职场的人添麻烦 | 1 | 2 | 3 | 4 | 5 |
| 18 | 一旦接受了工作就负责到底 | 1 | 2 | 3 | 4 | 5 |
| 19 | 应对其它部门的来访客人 | 1 | 2 | 3 | 4 | 5 |
| 20 | 认真地回答同事或下属的疑问和问题 | 1 | 2 | 3 | 4 | 5 |
| 21 | 在工作中如果发现错误马上纠正 | 1 | 2 | 3 | 4 | 5 |
| 22 | 在适当的时候把个人得到的有益的信息提供给职场 | 1 | 2 | 3 | 4 | 5 |
| 23 | 主动介绍自己所属的公司（组织）举办的活动 | 1 | 2 | 3 | 4 | 5 |

⇒

⇒问题2　你在现在的职场中，在多大程度上采取了下述行为？

|  |  | 完全没有 | 应该说没有 | 说不清楚 | 应该说有 | 经常有 |
|---|---|---|---|---|---|---|
| 24 | 频繁地过目公司内的通报和揭示物，了解公司的最新动态 | 1 | 2 | 3 | 4 | 5 |
| 25 | 在职场以外也能积极的宣传自己所属的公司（组织） | 1 | 2 | 3 | 4 | 5 |
| 26 | 在职场上把自己的周围打扫干净。 | 1 | 2 | 3 | 4 | 5 |
| 27 | 虽然没有必须参加的义务，仍然参加公司（组织）举办的活动或庆典 | 1 | 2 | 3 | 4 | 5 |
| 28 | 为了做好工作连家庭也肯牺牲 | 1 | 2 | 3 | 4 | 5 |
| 29 | 尽早了解公司（组织）的新进展和内部信息 | 1 | 2 | 3 | 4 | 5 |
| 30 | 劝导优秀的人才进入自己的公司（组织） | 1 | 2 | 3 | 4 | 5 |
| 31 | 在职场中经常保持桌面清洁和美观 | 1 | 2 | 3 | 4 | 5 |
| 32 | 在工作时间以外也为使客户对公司（组织）有好印象而努力 | 1 | 2 | 3 | 4 | 5 |
| 33 | 整理和配置文具用品和消耗品使之便于使用。 | 1 | 2 | 3 | 4 | 5 |

问题3　针对如下的项目，您怎么认为？

|  |  | 我不这么认为 | 算是不这么认为 | 说不清楚 | 算是这么认为 | 我这么认为 |
|---|---|---|---|---|---|---|
| 1 | 如果能在现在的公司里度过我的职业生涯是很幸福的 | 1 | 2 | 3 | 4 | 5 |
| 2 | 我跟公司外部的人谈起自己的公司的事时，心情很愉快 | 1 | 2 | 3 | 4 | 5 |
| 3 | 如果现在决定辞职的话，我的人生的大部分东西都会崩溃 | 1 | 2 | 3 | 4 | 5 |
| 4 | 我在这个公司工作的最大的理由是，即使去其它的公司也得不到在这里能得到的报酬 | 1 | 2 | 3 | 4 | 5 |
| 5 | 我觉得最近的人太频繁的换工作了 | 1 | 2 | 3 | 4 | 5 |
| 6 | 在这个公司工作我感到有道德上的义务 | 1 | 2 | 3 | 4 | 5 |
| 7 | 我觉得自己成为了公司大家庭的一员 | 1 | 2 | 3 | 4 | 5 |

⇒

⇒问题3 针对如下的项目,您怎么认为?

|   |   | 我不这么认为 | 算是不这么认为 | 说不清楚 | 算是这么认为 | 我这么认为 |
|---|---|---|---|---|---|---|
| 8 | 我对这个公司有感情 | 1 | 2 | 3 | 4 | 5 |
| 9 | 我觉得,员工应该常对公司忠诚 | 1 | 2 | 3 | 4 | 5 |
| 10 | 不断的换公司是违背伦理的 | 1 | 2 | 3 | 4 | 5 |
| 11 | 这个公司对我个人来说有重要的意义 | 1 | 2 | 3 | 4 | 5 |
| 12 | 我有时强烈的感受到自己是公司的一员 | 1 | 2 | 3 | 4 | 5 |
| 13 | 对我来说辞职是难以想象的事情 | 1 | 2 | 3 | 4 | 5 |
| 14 | 即使我想马上辞职,事实上辞职是非常难的 | 1 | 2 | 3 | 4 | 5 |
| 15 | 即使有别的公司给我更好的工作,我也不会辞职吧 | 1 | 2 | 3 | 4 | 5 |
| 16 | 如果现在辞职的话,我觉得吃亏 | 1 | 2 | 3 | 4 | 5 |
| 17 | 现在在这个公司工作的理由不在于想工作,而在于必须工作 | 1 | 2 | 3 | 4 | 5 |
| 18 | 如果我辞职的话,会因为找不到别的工作而发愁吧 | 1 | 2 | 3 | 4 | 5 |
| 19 | 如果辞职的话,可能找不到别的工作,但我也无所谓 | 1 | 2 | 3 | 4 | 5 |
| 20 | 我感受到公司的问题就像我自己的问题一样 | 1 | 2 | 3 | 4 | 5 |
| 21 | 即使跳槽去别的公司也能和现在的公司一样轻松的适应那家公司 | 1 | 2 | 3 | 4 | 5 |
| 22 | 有人对我说,要对自己的公司忠诚 | 1 | 2 | 3 | 4 | 5 |
| 23 | 我觉得一直在一个公司工作能有效的度过职业生涯 | 1 | 2 | 3 | 4 | 5 |
| 24 | 想做"公司人"是非常明智的想法 | 1 | 2 | 3 | 4 | 5 |

问题4　针对如下的项目，您怎么认为？

| | | 我不这么认为 | 算是不这么认为 | 算是这么认为 | 我这么认为 |
|---|---|---|---|---|---|
| 1 | 在急速变化的环境中生活是最有意思的生活 | 1 | 2 | 3 | 4 |
| 2 | 即使不知道成败如何，总之应该不拘束于旧事物，应尝试新事物 | 1 | 2 | 3 | 4 |
| 3 | 详细了解每天在工作中发生的事是令人感到满足的事 | 1 | 2 | 3 | 4 |
| 4 | 计划休假的时候，如果真地想过的愉快的话，应该充分计划好 | 1 | 2 | 3 | 4 |
| 5 | 勇于冒险和探求的人比循规蹈矩的人有更多的可能性 | 1 | 2 | 3 | 4 |
| 6 | 解决一个问题接着又面临另一个问题那种充满了问题的生活是非常令人满足的生活 | 1 | 2 | 3 | 4 |
| 7 | 在同一个地方，长时间做同一件事情是一件幸福的事 | 1 | 2 | 3 | 4 |
| 8 | 教师强求学生使用规定的学习方法是对学生学习的阻碍 | 1 | 2 | 3 | 4 |
| 9 | 不管什么事情，来自政府和社会的限制尽可能少才是最好 | 1 | 2 | 3 | 4 |
| 10 | 要把工作做得最好，需要紧密地管理和监督 | 1 | 2 | 3 | 4 |
| 11 | 应该欢迎别人提建议，但是，如果是命令形式，即使是正确的也应该愤慨 | 1 | 2 | 3 | 4 |
| 12 | 即使是孩子也清楚的知道自己应该干什么，对此，他们的父母也不是最了解的人 | 1 | 2 | 3 | 4 |
| 13 | 不管什么事都强调确认的学校会抑制学生的创造性 | 1 | 2 | 3 | 4 |
| 14 | 要做好工作，就必须频繁的请示该怎么办 | 1 | 2 | 3 | 4 |
| 15 | 如果对自己的工作满意的话，即使受到了同事的批评，也不必惊慌失措 | 1 | 2 | 3 | 4 |
| 16 | 比起团体工作来，一个人工作能更快，更好地完成工作 | 1 | 2 | 3 | 4 |
| 17 | 别人怎么看待自己的行为是非常重要的事情 | 1 | 2 | 3 | 4 |
| 18 | 比起和朋友一起坐在沙滩上，不如一个人沿沙滩散步 | 1 | 2 | 3 | 4 |
| 19 | 与其和朋友闲聊假期，不如读些令人愉快的书更有满足感 | 1 | 2 | 3 | 4 |
| 20 | 即使人们聚集成群，如果对自己没有什么意义的话，决不跟风加入其中 | 1 | 2 | 3 | 4 |
| 21 | 即使爱上一个异性，如果朋友不认可她（他）的话，就不应该结婚 | 1 | 2 | 3 | 4 |

问题 5　您工作时对下述项目多大程度上是满足的？

| | | 不满足 | 不太满足 | 说不清楚 | 有点儿满足 | 满足 |
|---|---|---|---|---|---|---|
| 1 | 总有自己该做的工作 | 1 | 2 | 3 | 4 | 5 |
| 2 | 从事自律的工作的机会 | 1 | 2 | 3 | 4 | 5 |
| 3 | 和同事（工作伙伴）和睦相处 | 1 | 2 | 3 | 4 | 5 |
| 4 | 出色的完成工作时受到的称赞 | 1 | 2 | 3 | 4 | 5 |
| 5 | 从工作中体会到的成就感 | 1 | 2 | 3 | 4 | 5 |
| 6 | 上司对待部下的方法 | 1 | 2 | 3 | 4 | 5 |
| 7 | 指导他人的行事 | 1 | 2 | 3 | 4 | 5 |
| 8 | 有机会发挥自己的能力作事情 | 1 | 2 | 3 | 4 | 5 |
| 9 | 根据公司的方针作自己的工作 | 1 | 2 | 3 | 4 | 5 |
| 10 | 和工作量相比工资的额度 | 1 | 2 | 3 | 4 | 5 |
| 11 | 上司判断和决定事物的能力 | 1 | 2 | 3 | 4 | 5 |
| 12 | 做不违背自己良心的工作 | 1 | 2 | 3 | 4 | 5 |
| 13 | 经常有机会担任不同的工作 | 1 | 2 | 3 | 4 | 5 |
| 14 | 在公司里得到认可，被认为是"能干的人""有用的人" | 1 | 2 | 3 | 4 | 5 |
| 15 | 工作时，用自己的做法尝试的机会 | 1 | 2 | 3 | 4 | 5 |
| 16 | 工作环境（明亮度，温度，换气等） | 1 | 2 | 3 | 4 | 5 |
| 17 | 做好工作的话，能够不被炒鱿鱼一直工作下去 | 1 | 2 | 3 | 4 | 5 |
| 18 | 帮助他人的机会 | 1 | 2 | 3 | 4 | 5 |
| 19 | 现任工作的升职机会 | 1 | 2 | 3 | 4 | 5 |
| 20 | 自己在工作中作判断的自由 | 1 | 2 | 3 | 4 | 5 |

问卷调查到此结束。谢谢您的合作<br>请确认有无漏写，并装入回收信封里交给相关人员。

# 事項索引

## A－Z

A 社 ··············································· 95
Happy worker is a productive worker
 ································· 20, 22, 24
IBM-SPSS-Statistics ··········· 97, 100, 130
job performance ···························· 20
made in china ······························· 70
OCB ············································ 18
Organ（1988, 1990）の主張の要約 ······· 25
Organizational Citizenship Behavior ···· 18
tit for tat（しっぺ返し）戦略 ······· 16, 51

## あ

愛他主義（altruism） ················ 21, 35
アイデンティティー ························ 55
　───形成 ···························· 56, 61
甘えとは ······································ 92
『甘えの構造』（土居, 1971） ·············· 87
新たな業績概念 ······························ 28
$α$ 係数（Cronbach's $α$ coefficient）
 ······························ 100, 101, 132
アンケート調査 ······························ 95
遺伝 ············································ 54
　───子 ······································ 17
意味づけと利他的行動の動機の変化 ····· 62
ウェーバーの主張の要約 ···················· 6
内とは ········································· 92
営利の追求 ································ 6～8
エートス（Ethos） ··············· 5, 59, 137

## か

価格変動メカニズム ·························· 2
各次元のアピール性と貢献対象の明確性
 ·············································· 112
神 ········································· 5, 44
関係の概念 ···································· 93
関係の時間的な持続性 ··············· 30, 115
関係のネットワーク ························ 93
間接型行動 ······················· 58, 129, 131
　───の位置づけ ··························· 80
　───の定義 ································· 58
『菊と刀』（Benedict, 1946） ·············· 87
疑似相関 ······························· 121, 139
貴族階級 ········································ 3
既存研究 ······································ 17
狭義の個人の生産性 ··················· 24, 25
業績 ············································ 20
協調的行動 ······························· 16, 51
協働（cooperation） ························ 19
共同体内の秩序 ······························ 90
キリスト教 ································ 9, 35
義理とは ······································ 92
勤続期間をコントロールした場合
 ······································· 121, 139
近代資本主義 ··································· 3
　───成立の原動力 ·························· 3
禁欲的プロテスタント ······················· 4
経営学関連領域 ······························ 18
経営学者 ································· 20, 23

経営学で扱うデータ......................23
経営学の立場から利他的行動を扱った研究
　........................................11
経営者............................5, 8, 20, 23
経営手法................................113
　────のアレンジ..............113, 114
経営組織............................9, 113
経済学領域における利他的行動研究.....15
経済的交換..............................30
血縁選択................................17
ゲーム理論..........................16, 51
研究関心と研究手法の固定化..............29
研究関心の狭さ..........................18
研究スタイル........................29, 52
言語....................................55
　────というフィルター................56
　────の習得..........................55
原動力..............................1, 17
現場レベル..............................9
広義の個人の生産性......................25
工業....................................3
広辞苑............35, 37, 41, 85, 87, 91〜93
公式の報酬システム......................47
行動主体が任意で行う行動................47
行動的禁欲（aktive Askese）...............5
行動と目的の関係........................50
幸福の追求..........................7, 8
項目ごとの平均得点の日中比較
　（t検定，両側）......................106
項目ごとの平均得点の比較
　（男女別，t検定，両側）..............118
国民国家................................63
国民国家レベルの文化................63, 83
5件法リッカート尺度....................96
個人主義的な考え方......................91

個人の生産性............................20
国家....................................15
異なる文化に属する組織.................113
異なる文化をもつ国家間の比較............63
言葉のトリック..........................7
雇用制度の在り方.......................144

# さ

塞翁が馬タイプの混乱..............37, 41, 45
最低限必要な条件........................47
採用すべきではない人間観................53
三国志..................................88
　────の時代..........................88
私企業..................................6
自己実現願望や各種の思想・宗教などの
　理念的な観念..........................56
自己目的型行動......................49, 60
　────の定義..........................49
　────を行う動機..................50, 54
自己目的型の利他的行動..........56, 58, 59
試作版利他的行動尺度..............129, 130
　────全12項目の総平均得点....132, 136
　────の因子パターン値...............131
　────の得点比較
　（男女別，t検定，両側）..............137
　────の日中得点比較（全）..........133
　────の4つの下位次元...............132
自社の採用している経営手法............114
実証研究
　..........21, 23, 25〜27, 73, 82, 85, 128
質的・行動的なレベルの貢献.........20, 24
質問票..................................95
　────の回収率........................95
　────を中国語へと翻訳する作業........96
慈悲............................9, 59, 138

事項索引　171

資本主義 6, 9
　―――の精神 5
市民の美徳（civic virtue） 21
社会関係型行動 58, 130, 131
　―――の位置づけ 81
　―――の定義 58
社会生物学領域における利他的行動研究 17
社会的交換が成立するために必要な条件 115
社会的交換としての利他的行動 43
社会的交換とは 30
社会的交換における義務 30
社会的交換の対象 30
社会的人間観 56, 66
社会レベル 8
奢侈製品 3
奢侈的な習慣 3
視野の広さ 41
　―――による行動の意味の逆転 39, 41
　―――のちがいから生じる議論の混乱 41
宗教 5, 44
終身雇用制度の是非 124, 144
集団主義的な考え方 90
従来の組織市民行動研究が陥りがちなプロセス 30
主観的意図 36
職務上の配慮 97, 100, 101, 111, 112
　―――とは 78
職務態度 22
職務に禁欲的に専念する行動様式 4
職務の範囲 10, 19
職務満足ありきの分析視覚 18

職務満足以外の組織市民行動の規定要因 26
職務満足感尺度（MSQ 短縮版） 153
職務満足と生産性 20
　―――との相関関係 23
　―――の正の関係の実証 23, 33
　―――の正の関係を十分に実証できなかった原因 24
職務満足と組織市民行動の間により強い関係が存在するという仮説 25
職務満足と組織市民行動の関係についてのレビュー 22
職務満足とは 18
進出先の選定 113, 114
人生の意味 61
人的資源管理 144
真の相関関係 121, 139
信頼性 100, 101, 132
スポーツマンシップ（sportsmanship） 21
清潔さ 98, 100, 103, 104
　―――とは 79
生産性と職務満足の正の関係を実証するための概念 21
生産性の概念 20, 24
生産性の測定項目 20
生産性の測定方法 24
生産高や生産数など直接的な数字 24
誠実さ（conscientiousness） 21, 98, 100, 101, 107, 109
　―――因子であると解釈された8項目 107
「誠実さ」次元に含まれる行動 109, 110, 123
　―――の性質と中国人の特徴 110
誠実さとは 77

「誠実さ」8 項目 ································· 119～121, 123
　――の平均得点の比較（t 検定，両側）
　 ······················································· 109
　――の平均得点比較の詳細（t 検定，
　両側） ············································ 119
贅沢 ·························································· 3
生物学的論証 ········································ 54
　――の欠点 ········································ 55
世俗内的禁欲 ········································· 4
狭い視野 ····························· 35, 40, 46, 47, 50
戦後の日本人論 ···································· 87
総合平均得点の比較（5 点満点） ······ 105
相互の信頼 ································· 30, 115
組織 ··········································· 2, 9, 10
　――均衡論的発想 ······························ 2
組織経営 ··································· 2, 114
　――における利他的行動の重要性を
　示す証拠 ········································ 18
組織コミットメント尺度 ················· 153
組織コミットメントと組織市民行動の
　理論的関係 ······································ 26
組織コミットメント（organizational
　commitment）とは ························ 26
組織サポートと組織市民行動の
　理論的関係 ······································ 27
組織サポート（organizational support）
　とは ··············································· 26
組織支援行動 ············· 98, 100, 101, 111, 112
　――とは ········································ 79
組織市民行動 ········································ 18
組織市民行動研究 ································ 18
　――が抱える問題点 ······················ 33
組織市民行動とは ························ 19, 75
組織市民行動に関する既存研究 ········ 28
組織市民行動の規定要因 ··················· 22

組織市民行動の次元と利他的行動
　4 類型の対応関係 ···························· 82
組織市民行動を行う動機 ············ 29, 31
組織市民行動を構成する下位次元 ···· 21
組織的公正と組織市民行動の理論的関係
　··························································· 27
組織的公正（organizational justice）とは
　··························································· 27
組織と成員間の社会的交換 ··············· 28
組織と成員の 2 者関係を前提とした
　解釈 ··············································· 32
組織と成員の 2 者関係を前提とした
　モデルの構築 ································ 31
組織における成員の利他的行動の測定尺度
　··························································· 96
組織にとって有益な社会的交換 ······ 115
組織にとって有益な利他的行動 ······ 115
組織の社会的メカニズム ··················· 19
組織の生産性 ········································ 18
組織の強み ········································ 113
組織の中の人間行動 ··························· 18
組織の有効性 ······································· 19
組織をつくる根本的な理由 ··············· 17
外とは ··················································· 92
ゾンバルトの主張の要約 ····················· 4

## た

大乗仏教 ····································· 9, 59
対人援助 ··················· 98, 100, 101, 111, 112
　――とは ········································ 78
代表的な利他的理念 ···················· 59, 137
他社の幸福・福利 ······························ 47
妥当性・信頼性 ································ 129
探索的因子分析 ···················· 97, 100, 131
探索的な研究スタイル ····················· 29

事項索引　173

| | |
|---|---|
| 中華思想 | 88 |
| 中華人民共和国 | 87 |
| 中華とは | 87 |
| 中華民族の発祥地 | 89 |
| 中国 | 85, 87 |
| ——工場の因子パターン行列 | 102 |
| ——工場の因子分析の結果 | 111 |
| ——工場のデータ | 100 |
| ——語の質問票 | 97 |
| ——語のネイティブスピーカー | 96 |
| 中国人 | 92 |
| ——の行動原理 | 92 |
| ——の特徴 | 89, 94 |
| 中国という呼び方 | 87 |
| 中国独特の世界観 | 87 |
| 中国において中国人論があまり論じられてこなかった理由 | 87 |
| 中国に進出した日系企業 | 93 |
| 長期勤続 | 144 |
| 調査対象企業である製造業A社 | 84 |
| 調査対象の詳細 | 95 |
| 直接型行動 | 57, 129, 131 |
| ——の位置づけ | 80 |
| ——の定義 | 57 |
| 強い競争力をもつ近代資本主義 | 5 |
| 定型的対人援助 | 98, 100 |
| 手続き的公正 | 27 |
| 出る杭は打たれる | 91 |
| 天職（Beruf） | 4, 33, 59, 138 |
| 動機に関する根本的考察の必要性 | 34 |
| 道具型行動 | 48, 54, 60 |
| ——の定義 | 48 |
| ——を行う動機 | 50 |
| 統計分析 | 29, 52 |
| 統合的なレベルの意味づけ | 56 |

| | |
|---|---|
| 道徳的・倫理的な観点 | 9 |
| 同文同種とは | 85 |
| 同文同種の国 | 85 |
| 特定化され得ない義務 | 30 |
| 特定化された義務 | 30 |
| 独立した個人という人間観 | 53, 54 |

### な

| | |
|---|---|
| 情けは人のためならず | 41 |
| ——タイプの混乱 | 41 |
| 日中国際比較調査の質問票 | 153 |
| 日中の国際比較調査の概要 | 95 |
| 日中比較調査のデータ | 117 |
| 日中両国の思考方法や行動様式の差異 | 108, 134 |
| 日本 | 85, 86, 89 |
| 日本企業 | 85, 113 |
| ——が中国に進出する場合 | 114 |
| 日本工場が有意に高得点を示した10項目 | 107 |
| 日本工場の因子パターン行列 | 99 |
| 日本工場のデータ | 97 |
| 日本語の質問票 | 97 |
| 日本語のネイティブスピーカー | 96 |
| 日本人 | 91 |
| ——が日本人論を活発に論じてきた理由 | 86 |
| ——工具と中国人工具のデモグラフィックな特徴の比較 | 119, 138 |
| ——と中国人の特徴比較 | 94, 108, 135 |
| ——による中国人論 | 89 |
| ——の行動原理 | 91 |
| ——の特徴 | 89, 108, 134 |
| ——の日本人論好き | 86, 87 |

日本人論 ……………………………………… 86
日本人論・中国人論 ……………………… 86
　――で論じられてきたような
　　行動特性の差異 …………………… 113
日本人論の代表的な著書 ………………… 87
日本人を対象とした独自の組織
　市民行動尺度 ………………………… 74
日本的経営 …………………………… 124, 144
日本と中国の根本的なレベルでのちがい
　……………………………………………… 90
日本と中国の風土のちがいから生じる
　国民性のちがい ……………………… 89
日本の企業組織の優れた点の
　海外移転可能性 ……………………… 124
日本版組織市民行動尺度
　……………………… 74, 96, 127～129, 153
　――33項目の総合平均得点の比較 … 105
　――33項目の平均得点の比較 ……… 105
　――の開発 …………………………… 76
　――の5次元と利他的行動4類型の
　　対応関係 …………………………… 79
　――の次元 …………………………… 77
　――を代用した理由 ………………… 74
日本版組織市民行動の定義 ……………… 74
人間関係学派が醸成していった1つの
　労働観 …………………………… 20, 22
人間観の重要性 …………………………… 53
人間的要素 ……………………………… 113
人間と自然の関係に対する考え方 ……… 90
人間万事塞翁が馬 ………………………… 37
人情とは …………………………………… 92
年齢・勤続期間と「誠実さ」8項目の
　相関関係 …………………………… 122
年齢・勤続期間と「誠実さ」8項目の
　単純相関係数 ……………………… 121

年齢・勤続期間と「誠実さ」8項目の
　偏相関係数 ………………………… 122
年齢・勤続期間と理念型行動の相関関係
　……………………………………………… 140
年齢・勤続期間と理念型行動の単純
　相関係数 …………………………… 140
年齢・勤続期間と理念型行動の偏相関係数
　……………………………………………… 140
年齢と勤続期間 …………………… 120, 139
年齢と「誠実さ」8項目との間の相関関係
　……………………………………………… 121
年齢をコントロールした場合 …… 121, 139
農耕共同体 ………………………………… 89
　――の維持・存続 …………………… 90

## は

恥とは ……………………………………… 92
パーソナリティ尺度 …………………… 153
反応尺度 …………………………………… 96
比較の対象として日本と中国を選択した
　理由 …………………………………… 70
必要充足的・牧歌的な経済活動 ………… 5
非定型的対人援助 ……………………… 100
ヒューマンウェア（humanware）……… 113
広い視野 ……………………… 40, 41, 45, 46
風土のちがい ……………………………… 90
2つの大きな類型 ………………………… 48
2つのタイプの混乱 ……………………… 37
プロテスタンティズムの倫理 …………… 4
文化 ……………………………………… 62, 69
　――的論証 …………………………… 55
文化の差異 …………………………… 108, 134
　――によってもたらされる利他的
　　行動パターンの差異 …………… 113
文化の定義 ………………………………… 62

事項索引　175

分析可能な範囲の利他的行動 ················· 47
平均年齢と平均勤続期間 ············· 119, 138
報酬の誘意性 ····························· 30, 115
奉職 ················································ 136
方法論的課題 ····································· 73
翻訳作業 ··········································· 96

## ま

満足した労働者は生産性が高い
 ·········································· 20, 22, 24
メタ分析 ······························· 23, 26, 27
滅私奉公 ·································· 33, 136
面子に対する中国人の考え方 ················ 93
面子の維持・向上 ··············· 93, 115, 116
面子の概念 ······································· 91
面子や関係 ······································ 143

## ら

利己 ················································· 35
　　──主義（egoism） ···················· 35
　　──的な遺伝子 ·························· 17
　　──的な行動原理 ······················· 51
　　──的な個人 ················ 16, 51, 54
利他主義（altruism） ························ 35
　　──とは ·································· 35
利他的行動 ··································· 9, 11
　　──研究 ················ 15, 36, 56, 128
　　──尺度の開発 ························ 128
　　──尺度の試作 ························ 128
　　──という視点から経営組織を
　　　考えること ··························· 11
　　──と組織市民行動の概念的関係 ··· 76
　　──の関連研究 ·························· 52
　　──の定義 ·························· 47, 75
利他的行動のパターン ··················· 61, 62

──を規定する有力な要因 ············ 113
利他的行動の分析枠組み ·········· 76, 127, 128
利他的行動の4類型 ··············· 59, 128, 131
利他的行動の類型化 ····························· 36
利他的行動の類型図 ······················· 60, 67
利他的行動を行う動機
 ······························· 47, 53, 54, 56, 60
利他的行動を行う理由についての研究の
　歴史 ·············································· 15
利他的な効用関数 ····················· 16, 52
利他的な個人 ····················· 16, 51, 52
利他的な思想 ··································· 45
利他的な精神 ··························· 35, 47
利他的理念 ································· 9, 59
利他という概念を扱うにあたって ········ 36
利他という言葉は混乱を招きやすい言葉
 ····················································· 36
利他とは ·········································· 35
利他について議論する際によく目にする
　混乱 ·············································· 37
理念型行動 ················ 59, 130, 131, 133, 138
理念型行動の定義 ······························ 59
　　──位置づけ ······························ 81
理念型の類型に含まれる行動 ············· 134
理念的な視点 ··································· 56
理念による利他的行動 ················ 44, 45
留置法 ············································ 95
理論と実証 ······································ 11
隣人愛 ······································· 9, 35
類型化 ············································ 47
礼儀正しさ（courtesy） ····················· 21
恋愛 ············································ 3, 4
労働者 ·············································· 5
　　──の幸福 ··························· 20, 23
労働の人間化 ··································· 23

ロバスト（頑強）な次元.................................103

## わ

和の概念..................................................91
和を以て貴しと為す.................................................91

# 人名索引

## A－Z

| | |
|---|---|
| Allen & Meyer | 153 |
| Barnard | 19 |
| Bateman & Organ | 25 |
| Becker | 16, 52 |
| Benedict | 87 |
| Blau | 25, 30, 115 |
| Bradley | 54, 56, 66 |
| Brayfield & Crockett | 23 |
| Cohen-Charash & Spector | 27 |
| Collard | 16, 52 |
| Colquitt et al. | 27 |
| Comte | 35 |
| Dawkins | 17 |
| Eisenberger et al. | 27 |
| Greenberg | 27 |
| Hamilton | 17 |
| Hoffman & Ingram | 25 |
| Hofstede | 62, 63, 69, 83, 84, 125 |
| Iaffaldano & Mucinsky | 23 |
| Katz & Kahn | 9, 19 |
| Locke | 22 |
| Lorsch & Morse | 153 |
| Luther | 4 |
| Moorman | 25 |
| ―― et al. | 27 |
| Mowday et al. | 26 |
| Mueller | 16, 51 |
| Niehoff & Moorman | 27 |
| Norman | 54, 56 |
| Organ | 18, 19, 21, 24, 25, 27 |
| ―― & Ryan | 25, 26 |
| Plato | 15, 48 |
| Podsakoff et al. | 18 |
| Randall et al. | 27 |
| Scholl | 26 |
| Schwab & Cummings | 23, 28 |
| Shore & Wayne | 27 |
| Smith | 1, 4 |
| ―― et al. | 25 |
| Sombart | 3 |
| Tyler | 27 |
| ―― & Lind | 27 |
| ―― et al. | 27 |
| Vroom | 23, 28 |
| Wayne et al. | 27 |
| Weber | 3, 5, 7, 33, 59, 68, 137, 138 |
| Weiner | 26 |
| Weiss et al. | 153 |
| Williams & Anderson | 25 |

## あ

| | |
|---|---|
| 内山 | 92 |
| 王 | 86, 89 |
| 大久保 | 91 |
| 大里・高橋 | 23 |
| 大塚 | 3, 5, 7, 59, 68, 137 |
| 奥井 | 103 |

## か

金井・高橋 ·································· 20, 22, 23, 103

## さ

崔 ······················································································ 89
清水 ·················································································· 89
聖徳太子 ········································································ 91
末田 ·················································································· 93
薗田 ········································································· 92, 93

## た

高橋 ······································································ 22, 153

田中 ························ 18, 21, 26〜28, 74〜77, 96, 97, 100, 103, 120, 127, 128, 138, 153
―――・林・大渕 ································· 25
陳 ······················································································ 86
土居 ·········································································· 87, 92

## な

西田 ······················· 18, 19, 26, 120, 138

## は

林 ······················································································ 92
船橋 ·················································································· 93

《著者紹介》

**奥井秀樹**（おくい・ひでき）

1976年　兵庫県に生まれる。
2000年　滋賀大学経済学部卒。
2005年　神戸大学大学院経営学研究科博士後期課程修了。
2005年　大阪国際大学経営情報学部講師。
現　在　久留米大学商学部教授　博士（経営学・神戸大学）。

**主要著書**

奥井秀樹（2004）「利他的行動研究　―そのメカニズムと組織論的展開―」『日本経営システム学会誌』，Vol.20, No.2, pp.63-71.

奥井秀樹（2007）「企業組織における利他的行動　―日中の国際比較調査を通じて―」『日本経営システム学会誌』，Vol.24, No.1, pp.9-18.

奥井秀樹（2009）「日本企業の本質と利他的行動　―利他的行動尺度の試作を通じて―」『日本経営システム学会誌』，Vol.26, No.1, pp.27-32.

奥井秀樹（2011）「日中国民の組織における利他性と行動パターン　―2004年比較調査結果の再考―」『日本経営システム学会誌』，Vol.27, No.3, pp.63-70.

（検印省略）

2012年10月20日　初版発行
2014年 5月20日　二刷発行
2017年 5月20日　三刷発行

略称 ― 経営と利他

## 経営組織と利他的行動
―日中労働者の行動パターン比較―

著　者　奥井秀樹
発行者　塚田尚寛

発行所　東京都文京区　株式会社　創成社
　　　　春日2-13-1

電　話　03（3868）3867　ＦＡＸ　03（5802）6802
出版部　03（3868）3857　ＦＡＸ　03（5802）6801
http://www.books-sosei.com　振替　00150-9-191261

定価はカバーに表示してあります。

©2012 Hideki Okui　　組版：トミ・アート　印刷：エーヴィスシステムズ
ISBN978-4-7944-2392-4 C3034　製本：カナメブックス
Printed in Japan　　落丁・乱丁本はお取り替えいたします。

―― 経営選書 ――

|  |  |  |
|---|---|---|
| 経営組織と利他的行動<br>―日中労働者の行動パターン比較― | 奥井秀樹 著 | 2,200円 |
| 経営学の理論に基づく会社のつくり方 | 鈴木好和 著 | 1,600円 |
| 人的資源管理論 | 鈴木好和 著 | 2,300円 |
| 株式会社の崩壊<br>―資本市場を幻惑する5つの嘘― | 小島大徳 著 | 1,600円 |
| 大人の経営学<br>―MBAの本質に迫る― | 亀川雅人 著 | 1,600円 |
| はじめて学ぶ銀行論 | 藤波大三郎 著 | 1,800円 |
| CSRとコーポレートガバナンスがわかる事典 | 佐久間信夫<br>水尾順一<br>水谷内徹也 編著 | 2,200円 |
| 若年労働力の構造と雇用問題<br>―人的資源活動の観点から― | 原みどり 著 | 2,200円 |
| 雇用調整のマネジメント<br>―納得性を追求したリストラクチャリング― | 辻隆久 著 | 2,800円 |
| 転職とキャリアの研究<br>―組織間キャリア発達の観点から― | 山本寛 著 | 3,200円 |
| 昇進の研究<br>―キャリア・プラトー現象の観点から― | 山本寛 著 | 3,200円 |
| 経営財務論 | 小山明宏 著 | 3,000円 |
| イノベーションと組織 | 首藤禎史<br>伊藤友章<br>平安山英成 訳 | 2,400円 |
| 経営情報システムとビジネスプロセス管理 | 大場允晶<br>藤川裕晃 編著 | 2,500円 |
| グローバル経営リスク管理論<br>―ポリティカル・リスクおよび異文化<br>　　　ビジネス・トラブルとその回避戦略― | 大泉常長 著 | 2,400円 |
| サービス・マーケティング | 小宮路雅博 編著 | 2,000円 |
| グローバル・マーケティング | 丸谷雄一郎 著 | 1,800円 |

(本体価格)

創成社